いけるね！シカ肉
おいしいレシピ60

松井賢一

農文協

はじめに

本書は2012年3月に刊行した単行本『うまいぞ！シカ肉』の続編といえるものです。おかげさまで『うまいぞ！シカ肉』は増刷を重ねています。お読みいただいた方からは、「シカ解体のバイブルとして活用しています」「初めてシカの販売に向けた解体方法が理解できました」などの感想を寄せていただき、猟師のみなさんをはじめシカ肉に関心をお持ちの方々から支持いただいていることは、著者のひとりとしてもたいへんうれしく思っています。読者のみなさんには改めて深く感謝いたします。

お寄せいただいた感想のなかには「シカ肉の料理方法をもっと知りたい」との声がありました。前著のなかでもシカ肉レシピ集のことは簡単に紹介していたのですが、具体的な料理法を知りたいという声は各地のシカ肉利用の講習会などでも聞かれたところです。今回の続編は、この声にお応えしたいとの思いでまとめました。

昔からフランス料理には野生の鳥獣肉を使った「ジビエ料理」という分野があります。フランス料理には門外漢だった私なりに、野生獣害対策に取り組むなかで、捕獲したシカ肉の利用促進の立場からフランス料理のシェフのみなさんとのお付き合いを広げ、フランス料理の知識を収集してきました。その一方、自分でもシカ肉料理に挑戦し、すでにホームページで「シカ肉レシピ・ベスト220」http:// okamotojyuku.com/#01 を公開しています。

本書では私なりに60あまりのシカ肉料理のレシピを選んで、「いちおしレシピ」、「シカ肉ならではの一品」、「内臓レシピ」の三つに分けて、写真画像も使いながら紹介しています。講習会などでは、「シカ肉は、ロースとモモだけしか利用できないのでしょうか？」などの質問を受けます。本書はロースやモモ以外の部位についても、内臓まで含めて取り上げました。

シカ肉は、市販の牛・豚肉のようにスライスされていて、すぐに調理できるものは少ないと思います。猟師から直接購入する場合も多く、その場合にはロース肉のスジ取りから始めることも必要でしょう。

本書ではそうしたシカ肉のスジ取りやスライスの方法、タン（舌）のほか、心臓・胃など内臓の下

1　はじめに

処理についても簡単ですが収録しました。また、モモ肉のなかでもスジのない「シンタマ」、スジの多い「オオソト」など、使う部位別に切り分ける整形の方法も収録しています。

私は、シカ肉ビジネスの当事者ではありません。そこで、滋賀県長浜市（旧余呉町）にある白川ファームの白川芳雄さんに登場いただき、シカ猟からシカ肉販売までの実際を取材させていただきました。

厚生労働省は、昨秋、各地での取り組みを踏まえて野生獣肉利用の「ガイドライン」を発表しました。安全で安心できるシカ肉流通の資料として、このガイドラインと、全国の処理施設をすべてではありませんが表にして巻末に掲載しました。

なお、本文中の調理作業の写真は左利きとなっていて、違和感があるかもしれません。これは私が左利きのためであり、お赦し願います。ちなみに、解体作業では、左利きの私は右手でも包丁を使えるので体を反らずに解体できスピードアップにつながっています。

この本の企画が始まってから刊行までに、2年以上の時間が必要でした。この間、滋賀県米原市のフランス料理「ベルソー」オーナーシェフの松田美穂子さんには、撮影場所の提供や盛り付けなどをご指導いただきました。また、写真撮影でお力添えいただいた㈱長浜スタジオの石原さん、鈴木さんにも感謝します。深くお礼申し上げます。

私事にわたりますが、平成17年からシカ肉料理の味見役として辛抱づよく付き合ってくれた妻と息子たちにも、この場を借りて感謝の言葉をささげることをお許しいただきたいと思います。最初、ピント外れのシカ料理に眉をひそめていた息子たちも、10年の歳月で「お父ちゃんのシカ料理食べたいなぁ」と時々リクエストがあります。ポイントを押さえたシカ料理には、病みつきになる魅力があると確信しています。

2015年5月

鹿肉コーディネーター　松井　賢一

いけるね！
シカ肉 おいしいレシピ60
もくじ

はじめに……1

料理名別さくいん——8

1章 「いけるシカ肉」にするために

シカ肉との出会い
獣害対策からシカ肉料理へ……10

おいしくヘルシーなシカ肉
まずは原材料のシカ肉を見定める
こうすればうまいのに……13

安全においしく……13
ニホンジカは7亜種……14
肉質は若いメスジカがベスト……14
シカは1発で仕留めたものをすぐに冷却……15
フランス料理では内臓も利用……15
シカの年齢、雌雄、生息地、捕獲時期などをチェック……15
シカ肉を食べて社会貢献、地域づくり……15

シカ肉をおいしく調理するためのポイント——17

ポイント①
けもの臭を消すには、下ゆでして血が溶け出た煮汁を捨てること……17

ポイント②
煮込み時間と火加減。加熱はごく弱火でじっくりと……17

ポイント③
脂ののった時期のシカ肉は煮込みや鍋物で。融点が高いシカ肉脂……19

ポイント④
ミンチ後はにおいがきつくなるので手早く調理……19

ポイント⑤
スジの有無・多い少ないにより肉のカットの仕方をかえて食べやすく……19

ポイント⑥
酢やワインの利用、ソース、付け合わせなどの工夫で臭みを消してやわらかく……20

囲み◆こんな副素材も……22

シカ肉の部位による特徴と調理……23

2章 シカ肉の「いちおしレシピ」

- モモ肉のしぐれ煮　モモ肉 … 26
- 囲み◆モモ肉ブロックの切り分け … 27
- シカロースの焼肉　ロース … 28
  - シカ肉の韓国風焼肉の場合 … 44
- シカ鍋（もみじ鍋）　モモ肉 … 46
- ハンバーグ　モモ肉 … 48
  - シカ肉トマト煮込みハンバーグの場合 … 50
  - 春うきうき和風ハンバーグの場合 … 50
- シカロースとフォアグラのアンクルート（パイ包み）　ロース … 51
- 囲み◆70kgのオスジカを解体すると … 52
- モモ肉の赤ワイン煮　モモ肉 … 53
- 青椒肉絲（チンジャオロースー）　モモ肉 … 54
- シカそぼろ（ピリ辛シカ肉そぼろのレタス包み）　モモ挽肉 … 56
  - シカ肉とカブのそぼろ煮の場合 … 57
- 竜田揚げ　モモ肉 … 58
- シカロースのたたき　ロース … 30
- シカカレー　スジ肉 … 30
  - シカスジカレーの場合 … 32
  - モモ肉カレーの場合 … 32
  - ドライカレーの場合 … 32
- 囲み◆CoCo壱番屋直伝・シカカレー … 33
- シカ肉燻製　ロース … 34
- レバーペースト（リエット）　レバー … 36
- シカだし（フォン・ド・シュヴルイユ）　背骨など … 38
- 脳のムニエル（焼きセルヴェルのソースがけ） … 41
- グリーンアスパラガスのソテー … 42
- キャベツの蒸し煮（ブレゼ） … 42
- 囲み◆セルヴェルの下処理 … 43

3章 シカ肉ならではの一品

揚げもの

- 揚げ春巻き　モモ肉 —— 60
- 肉だんごと野菜の甘酢あんかけ　モモ挽肉 —— 61
- チリソース　モモ肉 —— 62
- サモサ　挽肉 —— 63
- シカマヨ（揚げ肉のマヨネーズソースあえ）　モモ肉 —— 64

炒めもの

- 回鍋肉（ホイコーロー）　モモ肉 —— 65
- チャーハン　モモ肉 —— 66
- キムチ炒め　モモ肉 —— 67
- カレー炒めタマネギあえ　モモ肉 —— 68

酢あえ

- ロースのカルパッチョ　ロース —— 69

煮もの

- ハヤシライス　モモ肉 —— 70
- 実山椒煮　モモ肉 —— 71
- クスクス　モモ肉 —— 72
- 肉とキャベツのスープ煮　モモ肉 —— 73
- スジ煮込み　スジ肉 —— 74
- トマト煮　スネ肉など —— 75
- ポトフ　モモ肉 —— 76

蒸しもの

- シカ肉まん　モモ挽肉 —— 77
- タンの茶碗蒸し　タン（舌） —— 78

囲み◆タン（舌）の下処理 —— 78

焼きもの

- ロースのポワレ ブルーベリーソース　ロース —— 79
- シカ肉のテリーヌ　くず肉、シカレバー、背肉 —— 80
- スペアリブのオーブン焼き　バラ骨付き肉 —— 81
- ロース肉と生ハムのロースト ハーブとピンクペッパーソース　ロース —— 82
- シカ肉バーガー　モモ肉 —— 83

5　もくじ

加工品

シカ肉の生ハム　モモ肉 —— 84

シカ肉ソーセージ　前足肉、モモ肉 —— 85

シカ肉ジャーキー　モモ肉ほか —— 86

4章 内臓レシピ —— 87

シカレバーハンバーグ　レバー —— 88

レバーの燻製　レバー —— 89

ハツ（心臓）の燻製　心臓 —— 90

囲み◆ハツ（心臓）の下処理 —— 91

ハチノス（第二胃）のミネストローネ（野菜スープ） —— 92

囲み◆ハチノス（第二胃）の下処理 —— 93

モツ炒め（グラ・ドゥーブル）　ハチノス（第二胃） —— 94

内臓煮込み（ファジョイアーダ）　ハチノス、大腸 —— 95

囲み◆大腸の下処理 —— 95

アキレス腱（ケン）の煮込み　アキレス腱 —— 96

ハツ（心臓）ロースト　心臓　ソース —— 97

トマトのレデュクション …… 98

ジャガイモのピューレ …… 98

ハツ（心臓）のしぐれ煮　心臓 —— 98

ハツ（心臓）のソーセージ仕立て　心臓、ハチノス、網脂 —— 99

囲み◆網脂の下処理 —— 99

ハツ（心臓）のソテー　心臓 —— 100

アッシ・パルマンティエ（マッシュポテトと挽肉のグラタン風）　レバー、心臓 —— 101

シカマメ（腎臓）のソテー マスタードソースがけ　腎臓 —— 102

囲み◆シカマメ（腎臓）の下処理 —— 102

シカレバー・日野菜・ホタテ貝柱のハーブソテー　レバー —— 103

5章 シカ肉利用をひろげるために

おいしく安全に食べる——野生獣肉と食品衛生
- 厚労省の「野生鳥獣肉の衛生管理に関する指針」……106
- 調理前、これだけは注意して
  ——E型肝炎ウイルス感染症や食中毒を防ぐために……106
- シカ刺しなど生食はE型肝炎感染の危険性も……107
- 【E型肝炎対策は63℃以上30分加熱で】……107
- 【オーブンによる半生加熱の方法
  （ステーキ・たたきなど）】……107
- 【大腸菌】……108
- 【肝蛭（かんてつ）、CWD】……108

シカ肉の加工・保存
- 肉の種類と形状で保存期間は大きく異なる……109
- 冷蔵庫・冷凍庫の詰めすぎは禁物……109
- 庫内はいつも清潔に……110
- 冷凍保存のコツ……110
- 解凍するときのコツ……111

シカ肉利用の現場から
- シカ肉の熟成について……111
- ブロック肉の保存方法……111
- ——シカ肉利用の現状とシカ肉活用……112
- シカによる被害の増加……112
- 捕獲が進まない背景……114
- 捕獲の促進はシカの資源化
  ＝食利用（ジビエ料理）から……114
- 解体の現場から——シカ肉をうまくする勘どころ……115
- けもの臭は、完全な血抜きで防げる……117
- 狩猟・食肉加工販売、惣菜、料理まで
  ——滋賀県余呉町「白川ファーム山肉亭」の場合……118
- 【余呉町の白川ファーム】……118
- 【狩猟技術の習得】……119
- 【銃による猟】……120
- 【解体・加工施設】……121
- 【解体】……122
- 【缶詰加工】……123
- 【販売】……123

資料：厚生労働省「野生鳥獣肉の衛生管理に関する指針」（2014年）……125

資料：獣肉処理施設一覧……135

105

7　もくじ

料理名別さくいん
(対象語 …頁)

●ア行
アキレス腱（ケン）の煮込み…96
揚げ春巻き…60
アッシ・パルマンティエ【マッシュポテトと挽肉のグラタン風】…101
アロゼ…115

●カ行
カレー炒めタマネギあえ…68
キムチ炒め…67
キャベツの蒸し煮（ブレゼ）…42
クスクス…72
グラ・ドゥーブル【モツ炒め】…94
グリーンアスパラガスのソテー…42
グリエ…24
コートレット…23

●サ行
サモサ…63
シカカレー…30, 33
シカ刺し…107
シカサラダ…27
シカスジカレー…30
シカそぼろ【ピリ辛シカ肉そぼろのレタス包み】…19, 56
シカだし…38
シカ鍋…46
シカ肉燻製…34
シカ肉ジャーキー…86
シカ肉ソーセージ…85
シカ肉とカブのそぼろ煮…57
シカ肉トマト煮込みハンバーグ…50
シカ肉の韓国風焼肉…45
シカ肉のテリーヌ…23, 80
シカ肉の生ハム…84
シカ肉バーガー…83
シカ肉まん…77
シカハツ【心臓】のしぐれ煮…98
シカふりかけ…27
シカマメ【腎臓】のソテーマスタードソースがけ…102
シカマヨ
【揚げ肉のマヨネーズあえ】…64

シカ飯…27
シカレバー・日野菜・ホタテ貝柱のハーブソテー…103
シカレバーハンバーグ…88
シカロースとフォアグラのアンクルート…12, 19, 51
シカロースのたたき…18, 28
シカロースの焼肉…44
ジャガイモのピューレ…98
スジ煮込み…74
スペアリブのオーブン焼き…81

●タ行
竜田揚げ…20, 58
タンの茶碗蒸し…78
チャーハン…66
チリソース…62
青椒肉絲
（チンジャオロースー）…20, 54
テリーヌ…23, 80
トマト煮…75
トマトのレデュクション…98
ドライカレー…32

●ナ行
内臓煮込み…95
肉だんごと野菜の甘酢あんかけ…61
肉とキャベツのスープ煮……73
ノアゼット…23
脳のムニエル
【焼きセルヴェルのソースがけ】…41

●ハ行
ハチノス【第二胃】のミネストローネ【野菜スープ】…92
ハツ【心臓】の燻製…90
ハツ【心臓】のソーセージ仕立て…99
ハツ【心臓】のソテー…100
ハツ【心臓】ロースト…97
パテ…23
ハヤシライス…70
春うきうき和風ハンバーグ…50
ハンバーグ…19, 48

ファジョイアーダ
【内臓煮込み】…95
ファルシー…24
フォン【だし】…38
フォン・ド・カナール
【鴨のフォン】…38
フォン・ド・ジビエ…38
フォン・ド・シュヴルイユ
【シカだし】…38
フォン・ド・フェザン
【雉のフォン】…38
フォン・ド・ヴォー
【仔牛のフォン】…38
フォン・ド・マルカッサン
【イノシシのフォン】…38
ブレゼ【蒸し煮】…42
フロマージュ・ド・テック…24
回鍋肉（ホイコーロー）…65
ポトフ…76

●マ行
実山椒煮…71
ムース…23
モツ炒め…94
もみじ鍋…46
モモ肉カレー…32
モモ肉の赤ワイン煮…17, 18, 53
モモ肉のしぐれ煮…17, 26

●ラ行
リエット【レバーペースト】…36
レバーの燻製…89
レバーペースト…36
ロース肉と生ハムのロースト
—ハーブとピンクペッパーソース— …82
ロースのカルパッチョ…69
ロースのポワレ
ブルーベリーソース…79
ロポゼ…115

（　）は読み，【　】は説明，補足，言い換え可能なことを示す

◆撮影協力：「レストランベルソー」松田美穂子

1章

「いけるシカ肉」にするために

「いけるシカ肉」にするために

シカ肉との出会い

● 獣害対策からシカ肉料理へ

私が、初めて「シカ肉」と出会ったのは、平成17年度「獣害のない元気な郷づくり推進事業」(滋賀県単独事業)を通じてだった。滋賀県庁の農業農村振興事務所で仕事をしている私は、野生鳥獣害への対策にあたるなかで、この事業に取り組んでいた。野生ジカの数は県自然環境保全課によると平成16年度は2万頭だったが、19年には2万6000頭を超えている。農林業の被害も平成10年から増え始め、収穫前の稲穂が食害されたり、山の木の皮が剥がされたりするなどで、被害額も20年度は4450万円、被害面積は224haとなっていた。この事業には、シカの捕獲駆除と合わせて「シカ肉利活用」という項目があった。以前「廃鶏(はいけい)(卵を産まなくなったニワトリ)肉の利活用」プロジェクトに携わった経験があったので、私としては、シカ肉利用にもおおいに興味がわいた。すぐに自宅の食品加工室(こういう部屋を自宅に設けている人は少ないと思うが)で、シカ肉料理の試作に取り組んだのである。

一般には、「シカ肉はまずい」と平気で言い放つ人がいるほど、臭い固いなどが原因でこの評価が定着しているようである。ただ一方で、E型肝炎の危険性があるから生食はしないように、との指導でロースの刺

夜の道路に出てきたホンシュウジカ

「いけるシカ肉」にするために

おいしくヘルシーなシカ肉

身は、さすがに行なわれなくなってはいるが、昔からシカの刺身は絶品という人もいた。

自宅の食品加工室で「シカ肉」を調理するのは、もちろん初めてであった。参考となる本や資料も全くない。ただ、むやみに、シカ肉を醤油と清酒・みりんで煮込んだ「シカ肉の煮込み」をつくってみたのだが、当然のことながら職場の同僚からは「けもの臭い！ ゴムのように固い！」という評価が集中した。結果は、大失敗。ただ、私はその後も試行錯誤しながら試作し続けた。約半年が過ぎたころから、「ちょっとは食べられるようになったなあ」と冷やかされる程度までに成長した。

シカ肉は全般的に、脂肪分やコレステロールが少なく、牛・豚・鶏肉よりもタンパク質が多いため、消化が早く、健康食として注目されている。

シカ肉のカロリーは、牛肉の1/4以下、豚肉の半分以下で、鉄分は牛肉の約7倍、豚肉の約10倍以上とたいへん豊富である。鉄分は、1日に1.5mgが体から失われており、男性で10mg、女性で12mgを食事から摂取するほうがよいとされている。日本人の平均的な食生活では、摂取必要量はすれすれで、ダイエットや偏食をするとたちまち不足してしまう。とくに女性は、月経によって通常の約20日分の鉄分を失うため、意識して摂る必要がある。シカ肉や魚の赤身がもつ鉄分は「ヘム鉄」といい、人体内にある鉄分と性質が似ているために体内吸収率が高い。

シカ肉のタンパク質は牛肉のほぼ2倍と高く、脂質は1/10以下と低い。しかもシカ肉の脂質には脳の働きを活発にしたり、記憶力や学習能力を

11　1章「いけるシカ肉」にするために

高めたりする働きをもつドコサヘキサエン酸（DHA）をはじめ、人体に不可欠な不飽和脂肪酸を多く含んでいる。血管壁にこびりついて血流を妨げるのが悪玉コレステロール。悪玉コレステロールを回収して肝臓に戻す作用をもつのが善玉コレステロールだが、DHAは悪玉コレステロールを減らし善玉コレステロールを増やす働きがある。

これまでイワシやサンマなどの青背魚（青魚）に多く含まれることがわかっていたが、シカ肉にも多く含まれることが判明した。

幼シカの脂肪には、共役リノール酸をはじめ、多価不飽和脂肪酸が多い。共役リノール酸には、脂肪燃焼、体脂肪減少、悪玉コレステロールの血管内沈着を防ぐ作用、さらには抗ガン作用や免疫を高める作用もある。

栄養や健康機能性からみてすぐれているシカ肉だが、なんといっても、まずはうまいシカ肉を食べてみることである。私がシカ肉の虜になったきっかけとなるような料理はいくつかあるが、たとえば「シカロース肉とフォアグラのアンクルート」という料理がそれだ。アンクルートとは、フランス語でパイ包み、「小麦粉を使ったパンやパイの生地で包む」という意味だが、私の一番好きなシカ肉のフランス料理である。シカのロース肉の上に、フォアグラを置いてパイ生地に包み、オーブンで焼き上げる。あっさりとしたシカ肉に、フォアグラの脂分が口の中で混じり合い最高の味になっている。

絶品の「シカロースとフォアグラのアンクルート」

「いけるシカ肉」にするために
まずは原材料のシカ肉を見定める

● こうすればうまいのに……

うまいシカ肉料理にするには、うまいシカ肉を手に入れることである。うまいシカ肉にするには何が必要か。一番は、「血抜き」である。シカが捕獲されたら、心臓が動いているうちに、血抜きをすること。心臓が止まれば、体内の血の流れも止まるので血抜きできない。シカの血液は酸化することで「けもの臭」が発生するので、30分以内に冷蔵・冷凍することが必要となる（詳しくは共著『うまいぞ！ シカ肉』を参照のこと）。

うまいシカ肉を調理する立場にたってうまいシカ肉を手に入れるには、この放血とできるだけ早い冷蔵・冷凍の原則を守っている業者や猟友会などから購入することに尽きる。この原則をきっちりと守っている信用できるところからシカ肉を購入するこ とが第一である。

次に調理の方法だ。詳しくは後述するが、ポイントは加熱時間と火加減である。「ごく弱火でじっくりと」を基本にする。

● 安全においしく……

シカ肉は、言うまでもないがタンパク質である。タンパク質は、75℃以上の温度で固くなる。一方、63℃で30分以上加熱しないと「E型肝炎ウイルス」を死滅させることはできない。つまり、シカ肉を食用にするには、この温度帯（63〜75℃）で加熱することが肝心だ。地元保健所やシカ肉の調理経験を持つシェフなどの指導を受けることもおすすめしたい。

シカやイノシシなどによる農作物などの被害が広がるなか、鳥獣保護法も改正され、単純な保護

一辺倒ではなく、一定の水準を超えた場合には個体数を減らして管理することがうたわれた。害獣としてのシカやイノシシを捕獲したあと、食肉として活用するために、いまでは全国に450を超える野生獣肉処理施設がある（一部を巻末資料として収録）。増加が予想されるシカなどの獣肉流通を前に、厚生労働省でも「野生鳥獣肉の衛生管理に関する指針（ガイドライン）」（以下「指針」）を決定した。

本書でもこれに準拠して処理されたシカ肉を原料とすることにしている。厚労省の「指針」は巻末に資料としてつけたので、ご覧いただきたい。

● ニホンジカは7亜種

日本に分布するニホンジカ（日本シカ）には、エゾシカ（北海道）、ホンシュウシカ（本州）、キュウシュウシカ（九州・四国）、マゲシカ（馬毛島）、ヤクシカ（屋久島）、ケラマシカ（慶良間列島）、ツシマジカ（対馬）の7亜種がある。
ヨーロッパに生息するノロシカ、赤シカ、ダマ

シカに比較すると、強烈な特徴は欠けるものの、非常に食べやすくおいしい肉である。

● 肉質は若いメスジカがベスト

雌雄をくらべるとメスのほうが肉の繊維が細く、うまい。2～3歳までのメスの「若ジカ」がベストで、それをすぎると肉がだんだん固くなってくる。立派な角をしたオスジカは見栄えはよいが、食材としてのランクは低い。

● シカは1発で仕留めたものをすぐに冷却

シカは小心な動物で、銃猟の場合なら1発で仕留めなければ、苦痛で血が肉に回ってしまう。こうして捕獲されたシカの肉は、安物のレバーのような味やにおいがついてしまうので注意が必要である。また、とくに夏場は、仕留めた後すぐに体温を下げないと血の腐敗が進み腐敗臭がつく。短時間処理で肉を素早く冷凍することが求められる。地域によっては、止め刺し・開腹後にシカを水に沈めて温度を下げているところもあるが、肉

に水分が浸透し水っぽくなるので、こうした処理は避ける。ホテルやフレンチシェフはこの水っぽいシカ肉は絶対に使わないことを、解体する側は肝に銘じておくべきだろう。

● フランス料理では内臓も利用

フランス料理では、ロース肉やモモ肉以外に、レバーや腎臓・心臓・脳（セルヴェル）・睾丸（こうがん）・タン・胃・腸なども利用される。内臓利用については、レシピも含めて章を改めて紹介したい。

● シカの年齢、雌雄、生息地、捕獲時期などをチェック

2014年にまとめられた厚労省の「指針」では、狩猟から食肉処理、販売にいたるまでの各段階で記録を残すことを求めている。狩猟時には、捕獲したシカの年齢、雌雄、生息地と捕獲場所、捕獲時期、放血の状況などについて記録することが求められるが、利用する側としても、この点のチェックをていねいに行なう必要がある。

● シカ肉を食べて社会貢献、地域づくり

ふとしたきっかけで、滋賀県内で、「カレーハウス CoCo 壱番屋」を展開する㈱アドバンスの岡島洋介社長から電話を頂き、全国チェーン店では日本初となる「野生獣肉メニュー」の開発が始まった。試作に係る「シカ肉」は地元猟友会から無償提供されたが、商品化まで7か月を要した。

店頭のチラシには「シカ被害の現状」と「100皿で1頭分のシカに」との広告がある。飲食店が社会貢献できる方法は、ごく限られている。たとえば残飯のたい肥化などによるCO_2の削減は、消費者が直接実感できない。ところが、シカカレーを食べることで、シカ駆除に貢献できるこのメニューは、直接実感できる社会貢献である。この取り組みは、全国放送のテレビ番組でも数回取り上げられており、店の宣伝効果も大きいことはいうまでもない。

この取り組みは、地元である滋賀県同友会CSR大賞（平成24年、第7回）にも輝いている（C

15　1章「いけるシカ肉」にするために

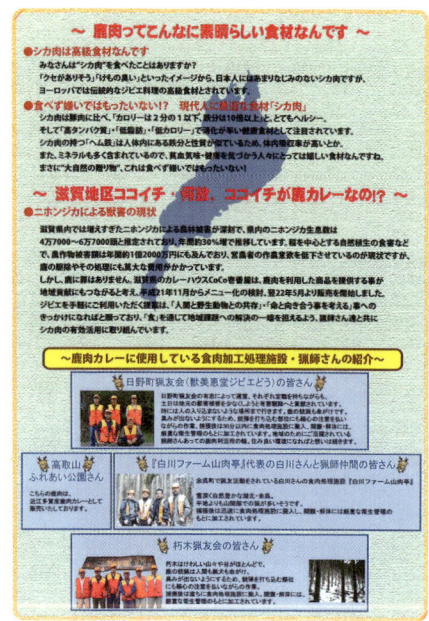

CoCo壱番屋「シカカレー」のチラシ

CoCo壱番屋のシカカツカレー
「食べて地域に貢献」をアピール

　SRとは「企業の果たすべき社会的役割」のことで、社会に意義ある活動をしている企業を表彰するもの)。この「カレーハウスCoCo壱番屋」シカカレーの取り組みは、他のチェーン店や全国に広がりつつある。お近くでシカメニューを見かけられたら、ぜひ食べて頂きたい。社会貢献という意味合いも込めて……。

16

「いけるシカ肉」にするために

シカ肉をおいしく調理するためのポイント

「シカ肉」は、牛肉や豚肉にくらべて「けもの臭い」「固い」という欠点がある。もちろん、解体時の血抜き方法や処理時間、適切な解体処理か否か、シカの年齢等でも「けもの臭」「固さ」は大きく左右される。さらには、状態のよい「シカ肉」でも、その調理方法によってもおいしくできるか否かも決まってくる。この欠点を克服し、さらに特徴あるシカ料理に仕上げるポイント、すなわち〝勘どころ〟をあげてみたい。

● ポイント①
けもの臭を消すには、
下ゆでして血が溶け出た煮汁を捨てること

湯でサッとゆがくと肉は少し小さくなる。その後沸騰前の60～70℃の湯に10分間浸ける。このときに、煮汁が出るが、この煮汁には、血液が煮出ている。これが「けもの臭」の原因となる。この煮汁は一度捨てて、新しい鍋で煮直すことがポイントとなる。煮物の「しぐれ煮」であれば、利用部位を選ぶことと、下ゆですること。ある程度スジ（筋）があるモモ肉でも利用できるが、モモ肉部位のなかでもオオソト（大外、アキレス腱とつながっている肉）は、スジが多すぎるので使わないほうがよい。

● ポイント②
煮込み時間と火加減。
加熱はごく弱火でじっくりと

「赤ワイン煮」であれば、モモ肉は、「下ゆでなし」で「赤ワイン」で煮る。2時間40分で一番やわらかくなり、それ以上加熱するとまた固くなるので煮込み時間に注意する。火加減も強火で煮る

けもの臭さを取る下ゆで。下ゆでした湯は捨てる

17

と固くなる。ごく弱火で煮ること。フランス料理では、液体の表面がゆるやかに波打つ程度の火加減で、決して沸騰させない。笑うように表面が波打つことを理想とする（この煮方をフランス料理では「ポシェ」と言う）。「赤ワイン煮」は、ごく弱火で2時間40分。ヒタヒタの状態を維持するために、赤ワインを注ぎ足しながら1/3まで煮つめる。ワインの味で「けもの臭」がカバーされるので「下ゆで」は必要ない。

「シカロースのたたき」であれば、火が入りすぎると固くなる。火入れが不足するとE型肝炎ウイルスが死滅しないなどの問題が発生する。微妙な火加減がポイント。

オーブンで加熱する場合は、5×2cm断面の大きさのシカロースであれば、320℃のオーブンで正確に6分間加熱後、アルミホイルに包んで常温で30分間保温する。カットしたときに切り口が「ピンク色」なら適正、「赤色」なら加熱不足、「茶色」なら過加熱ということになる。この方法は、シカ肉の大きさで加熱時間が変わってくるので何回も調整して経験を積む必要がある。

フライパンで加熱する場合は、バターとともにごく弱火にかける。溶けたバターをシカ肉にかけながら15分ほど加熱。金串を刺して下唇にあてて熱さが感じられたら完了。そのあとアルミホイルに包んで常温で30分間保温する。この調理方法

煮立てずに表面が波打つような状態（ポシェ）で煮込むワイン煮

フライパンでの加熱（アロゼ）
ごく弱火でバターをかけながら

シカ鍋。脂ののった時期のシカ肉は鍋物や煮物でおいしく

ミンチ後はスジを取る作業なども手早く

18

（フランス料理では「アロゼ」と言う）は、経験と技術が必要で、詳しくは、地元保健所等やシカ肉調理経験をもつシェフ等の指導を受けたほうがよい。

に向いていると言える。脂肪分を補うことも場合によっては必要である。豚肉のうまさは脂身にあるとはよく言われることだ。脂はうまみにつながる。豚の網脂や背脂を足したり、脂身で包んだりして脂肪分を補う。たとえば、先に紹介した「シカロースとフォアグラのアンクルート」はフォアグラの脂肪分を補ってうまくした料理と言える。

● ポイント③
脂ののった時期のシカ肉は煮込みや鍋物で。融点が高いシカ肉脂

シカ肉は「脂肪」が少ない。ただ、寒さに向かう時期の脂ののったシカ肉は、脂身をいかすために煮込みや鍋物にするのがおすすめだ。シカ肉の脂は融点が高い。だから加熱しながら食べる煮込みや鍋物に向いている。

それにしても、シカ肉は脂肪が少ないので、牛・豚肉にくらべて熱の伝導率が低いことが特徴といえる。これは、脂肪分が多いほど熱を伝えやすいためで、シカ肉の場合、天ぷらにすると短時間で調理できるのも天ぷら油の伝導率のよさがその理由だ。さらに、油で揚げれば「けもの臭」を抑える効果もある。油を使う中華料理は、シカ肉調理

● ポイント④
ミンチ後はにおいがきつくなるので手早く調理

ハンバーグや「そぼろ」などであれば、ミンチにして使うことになるが、ミンチしたあとは空気に触れている時間が長くなるほどにおいがきつくなるので、手早く調理していくことが必要だ。

● ポイント⑤
スジの有無・多い少ないにより肉のカットの仕方をかえて食べやすく

肉の切り方を薄くすること、小さくすることで

「固いシカ肉」の難点を克服することができる。本書でも切り方を細かく記載しているのは、この点に配慮してのことである。炒めものの「チンジャオロースー」であれば、モモ肉は、1cm角の短冊にカットすれば、固さをカバーできる。なお、モモ肉でもシンタマ（芯玉）などスジの少ない部分を使うこともポイントとなる。

揚げものの「竜田揚げ」であれば、モモ肉でもスジの少ない「シンタマ」などを使うこと。繊維に直角になるようにして、厚さ5mmに切る。このようにスジを切ることで肉が縮むことを抑える。

●ポイント⑥
酢やワインの利用、ソース、付け合わせなどの工夫で臭みを消してやわらかく

- 酢やワインなどに漬け込むとやわらかくなり、臭みも消える
- ソースには、こしょう、スグリの実などを使い、においやクセを和らげる
- 付け合わせには、甘みのあるものを。クリ、リンゴなどのフルーツピューレや甘煮、ゼリーなど

一般的に若ジカの肉は、やわらかくて食べやすいが、成長したシカ肉の肉は固いので、ワインに野菜、香辛料等を入れたマリナード（マリネの漬け汁）に漬け込んでから調理する。

マリネすることで、やわらかくなるだけでなく独特の臭みを消すことができる。

ソースには、ジュニエーヴル（セイヨウネズの

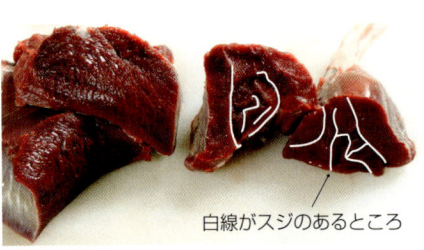

スジの有無
スジの少ないシンタマ（左）とスジの多いオオソト部分

シカ肉の切り方
線維に直角に切ると，肉の縮みを抑え固さも気にならない

マリネの方法
ワインに野菜，香辛料などを入れたマリナードに浸けてにおいを消す

20

実、ジンの香りづけに使われる）やこしょう、スグリの実等を使って、特有のにおいやクセを和らげるように工夫をするとよい。

付け合わせには、クリ・リンゴなどフルーツの甘煮やピューレ、スグリのゼリーなど甘みのあるものを添えることが多い。なお、炒めものや揚げものなどの料理は、油を使うことでも「けもの臭」は打ち消される。

シカ肉を食材として古くから珍重してきたフランス料理では、マリナードに漬け込むことが多いが、シカ肉を「もみじ肉」と呼ぶ日本では、昔から味噌で臭みを消して煮物、鍋物にして食べられてきた。

「けもの臭」は、完全に消してしまうと「シカ肉」らしさも消えてしまう。最初は、「けもの臭」を消して「シカ料理」に慣れてもらうことが必要だが、「シカ料理」ファンになる人は、徐々に「けもの臭」になじんでいき、逆にけもの臭さを楽しむようになる。こんな料理が出せるのは、個人のお店ならではのもので、大きな飲食チェーンでは

とてもまねができないことは間違いない。シカ肉の臭みを上手にいかせば、個性的なシカ料理の店となるだろう。

日本人は、シカ肉の「けもの臭」に慣れていないこともあり、調理のなかでショウガやニンニク、スパイスなどで"におい消し"をすることも大事だ。ただ、「けもの臭」を完全に消してしまうと「シカ肉」らしさがなくなってしまうので、その頃合いをはかって加減するようにしたい。

食通のシカ肉料理店では、この「けもの臭」を前面に押し出して料理を提供するところもあるが、さすがの私もちょっと敬遠してしまった。食通には「たまらない味」であるに違いない。つまり「けもの臭」を客のレベルに合わせて調整できれば、最高のシカ肉料理に仕上げることができる。

日本には「納豆」や「クサヤ」、滋賀県には「フナずし」など、強烈なにおいや味のする食品がある。はじめは、鼻をつまんで食べていたのに、そのうちその香りや味に魅かれていく。シカ肉にもそんな魅力が潜んでいると確信している。

1章「いけるシカ肉」にするために

こんな副素材も‥‥
シカ肉の消臭ややわらかさを保つトレハロース（シイタケ糖）の活用

- **トレハロースは，消臭・軟化作用以外に防腐効果をもつ調味料である**
  ① シカ肉重量の2〜3％のトレハロースと食塩を下ごしらえや冷凍保存する前に表面にまぶしておく（シカ肉1kgに対して大さじ2〜3の割合）。
  ② 砂糖を使う料理は，砂糖の半量をトレハロースに置き換える。
  ③ ハンバーグ・テリーヌ等は，ミンチ肉300gに対してトレハロース大さじ1を混ぜ合わせる。
  ④ 3％のトレハロース液を肉の表面に吹き付ける（防腐効果）。
- **「トレハロース」の働きは**
  トレハロースは，シイタケに多く含まれ"シイタケ糖"とも言われる。干しシイタケが，元の形に戻るのもトレハロースの働きで，水分を多く捕まえる力がある。砂糖と同じように，シカ肉に浸透して肉をやわらかくしたり，解凍による肉汁の溶け出しを少なくしたりするのも，水を捕まえる力のおかげである。
- **「トレハロース」の甘みは**
  トレハロースの甘みの強さは砂糖の約半分（45％）である。したがって，砂糖すべてをトレハロースに置き換えてしまうと甘さが足りなくなる。
  また，甘さをつけるためトレハロース量を倍増すると効果が半減する。また，カロリーは砂糖と同じ約4kcal/gであることも頭においておく必要がある。
  そして，砂糖のように焦げないので，焦げが必要な料理には不向きであるが，焦がしたくない料理には最適である。

○トレハロースの入手先
http://www.hayashibara-eshop.jp/

シカ肉の部位別名称

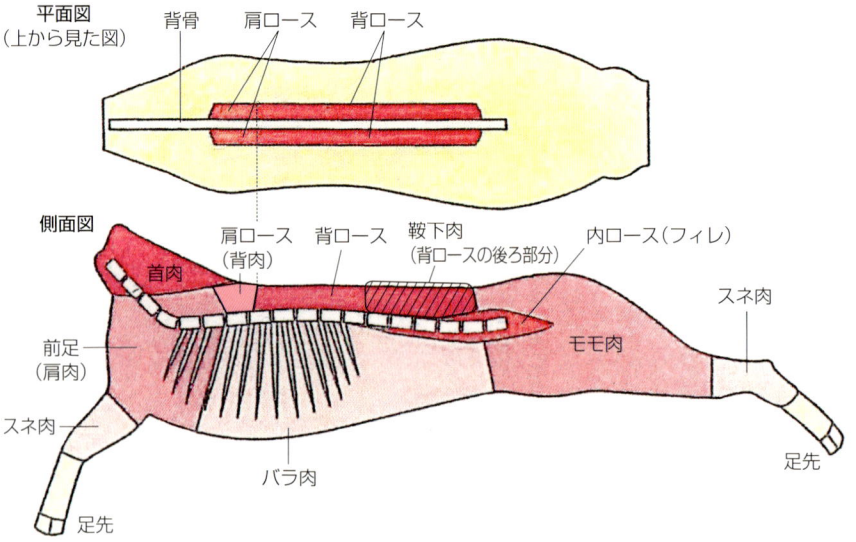

22

● シカ肉の部位による特徴と調理

シカの1頭の平均的な体重は70kgで、これを解体すると後ろモモ肉が12.8kgで全体の18.2%を占める。以下背ロースが3.1kg（4.4%）、骨付きスネ肉が3.6kg（5.1%）、同じく骨付きくず肉も3.6kg（5.1%）、レバー2kg（2.9%）、心臓・腎臓で0.5kg（0.7%）。内臓と皮などを合わせて廃棄する部位の合計は35.0kgで、半分は廃棄される計算だ。ちなみに最もポピュラーと思われる、後ろモモ肉と背ロース肉を利用したとすれば、その利用は全体の22.6%となる。シカ肉を利用するにあたって、部位の特徴とその利用について簡単にまとめておきたい。

【肩肉】 前足につながる肩の部分。赤身肉が多く比較的固いので、煮込み料理に使うことが多い。

【腰肉】 脂肪層が少ないので、調理するときは脂肉を刺したり、脂肉を巻いたりしてローストする。

【鞍下肉】 背部とモモ部にはさまれた部分。背脂を刺して、マリネしてから調理する。マリネした野菜、スジ肉、汁でソースをつくる。

【背肉】 この部分は丸のまま調理することは少なく、切り身にパン粉をつけてバター焼きにする料理であるコートレットに使ったり、70〜90gの小さな肉片を使うノアゼット用の切り身を取ったりする。調理方法は、鞍下肉と同様にすることが多い。

【フィレ肉】 鞍下肉の骨の下にある一番やわらかい部分。フィレの尾部から取った小さなステーキであるフィレ・ミニョンステーキにしたり、背肉の調理方法と同様にしたりすることが多い。

【モモ肉】 後ろ脚の付け根にあたる部分。かたまりをタコ糸で縛り、マリネしてからローストにしたり、マリネした汁で煮込んだりする。

【心臓】 繊維質が細かく緻密。独特の歯ざわりがある。充分に血抜きをしてから使う。

【肝臓】 内臓の中でビタミンAを最も多く含む。パテ（肉入りパイ）、ムース（ピューレ状のレバーに生クリーム・ゼリーを混ぜて固めたもの）、テリーヌ（すりつぶした肉をテリーヌ型に入れて焼

き固めたもの)、ソーセージに利用。

【腎臓】良質の脂肪に包まれている。そのまま口ティ(ロースト)、ソテー(少量の油で炒める料理)にしてもおいしい。

【舌】さいの目に切ったタマネギ、ニンジン、セロリなどの香辛野菜とともにゆで、ゼリー寄せ、サラダ、ゼラチンの多いだしで煮る肉詰め料理であるガランティーヌなどに利用。

【足】コラーゲン、タンパク質を多く含み、長時間煮るとゼラチン質に変化してやわらかくなる。ゼリー寄せにむく。パン粉をつけて網焼き(グリエ)、肉詰めなどの詰めもの料理(ファルシー)に利用。

【脳】ゼラチン質が豊富。ゼリー寄せにしたガランティーヌの一種、フロマージュ・ド・テックは有名。ほかにサラダにも利用する。

【アキレス腱】長時間ゆでると半透明でもちっとした口当たりになる。主に煮込み料理に使う。

2章

シカ肉の「いちおしレシピ」

モモ肉のしぐれ煮

 肉の繊維に直角に包丁を入れ弱火でじっくり1時間煮る

【材　料（4人分）】
シカ肉（オオソト以外のモモ）300ｇ
ショウガ 1/2片
醤油 大さじ6（90cc）
清酒 大さじ2（30cc）
みりん 大さじ2（30cc）
白ネギ 適量

モモのしぐれ煮（写真：石原　等）

　しぐれ煮はショウガと合わせて煮つめた佃煮。煮つめる前に，シカ肉の臭みを取るために軽く下ゆでするが，その際にゆで汁を捨てるのがポイント。

　利用する部位はモモ肉だが，スジが多いオオソト（大外）は使わないこと。煮つめるときの火加減は，弱火〜中火で1時間。一口サイズ，1cm角の大きさに切ること。

【つくり方】
①シカ肉は繊維に直角に，2cm厚の輪切りにする（写真1）。
②鍋に湯を沸かし，肉を表面の色が変わる程度に，サッとゆがく。湯は捨てる（写真2）。
③別の鍋にたっぷりめの水とショウガを薄切りにしたもの，②のシカ肉を入れて沸騰させる。
④火を弱火にして，1時間程度煮る（圧力鍋なら20分）。
⑤シカ肉は縮んで1cm厚になる。肉を引き上げ一口サイズ（1cm角）に切る。
⑥別の鍋で1cm角にしたシカ肉と醤油，みりん，清酒を入れて，汁気がなくなるまで弱火で混ぜながら煮つめる（写真3）。煮切る前は焦げやすいので注意する。
⑦器に小高く盛り付け，白ネギのせん切りを添える。

応用編

　つくり方の⑤の段階まで進んだところで，これから先を以下のようにすれば，別のメニューに変身するなどの応用が利く。

【シカサラダ】
　シカサラダにするには，⑤の段階で味付けせず，ごまドレッシングであえてレタスと一緒に盛り付ける。

【シカ飯】
　シカ飯の場合は，⑤の肉を炊き込みご飯の具として利用すればよい。

【シカそぼろ・シカふりけ】
　シカそぼろやシカふりかけにするには，⑤段階でフードプロセッサなどにかけて細かなそぼろ状にする。

　このように，メニューは無限大に広げることが可能である。

つくり方

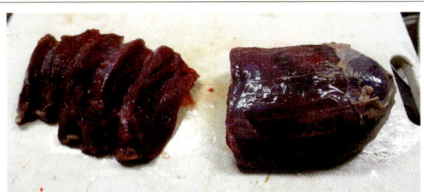

1 | 繊維に直角に切る

シカサラダ

2 | 下ゆでした煮汁は捨てる

シカ飯

シカふりかけ

3 | 一口サイズに切り，醤油，みりん，清酒で煮つめる

モモ肉ブロックの切り分け

モモ肉の部分の切り分け方を写真に示した。シンタマ部分にくらべるとアキレス腱につながるオオソトの部分にはスジが多い（写真右参照）。

モモ肉ブロック／右下の細く白い部分がアキレス腱につながるところ

矢印のように右側に開いたところ／右下のアキレス腱につながる部分がオオソト

一通り整形がすんだモモ肉ブロック
（オオソトは除外）

27　2章　シカ肉の「いちおしレシピ」

シカロースのたたき　ロース

調味液に1時間浸け，表面をサッと焼き固めてバターをかけながら15分，ごく弱火で

【材　料（4人分）】
シカ肉（ロース）500g
調味液A：清酒100cc，みりん180cc，醤油180cc
薬味：タマネギスライス，大葉せん切り，カイワレ，細ネギ 各少々
ぽん酢 適量
大根おろし 適量

ロース肉の大きさを断面5×2cm・長さ10cmとし，調味液に1時間浸けてから焼く。

フライパンの余熱で表面を焼いてから中がピンク色になるまで，ごく弱火で15～20分間，溶けたバターをかけながら焼き上げる。鉄串を中心に刺して10秒おいて串を唇にあてるとやや熱いと感じるくらいに焼き上げる。冷たければ加熱不足である。

シカロースのたたき（写真：石原　等）

【つくり方】
①シカ肉は，5×2cm断面・長さ10cmの短冊切りにして揃え，調味液Aに1時間浸ける (写真1)。
②フライパンを熱してバターを溶かし，火を止めてから，余熱でシカ肉の表面を焼き固める。
③表面が焼けたらごく弱火にして，バターを肉にかけながら15分ほど火を入れる (写真2)。
④金串を肉の中心に刺して10秒おいて抜き，その部分を下唇にあてて熱さを感じればOK，冷たければ再加熱する (写真3，4)。
⑤火を止めた後もフライパンに置き，アルミホイルで肉の上を覆って15分ほど放置する。
⑥切り口がピンク色になっていれば完了，切り口が赤ければ加熱不足なので再加熱する (写真5)。
⑦5mm厚で薄くスライスして好みの薬味と一緒に盛り付け，ぽん酢をかける。

※フライパンで一度に複数の肉を均一に加熱するのは，プロ以外には難しい。こうしたときには，オーブンを使うほうがよい。

つくり方

1 | 調味液に1時間浸ける

2 | 溶けたバターをかけながら15分ほど火を入れる

3 | 金串を中心まで刺し10秒おいて抜く

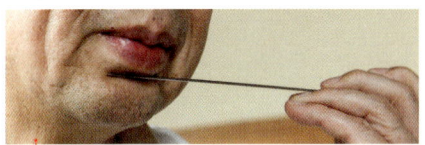

4 | 下唇近くに金串をあてて熱さを感じれば加熱をやめ,フライパンのままホイルで覆って15分放置する

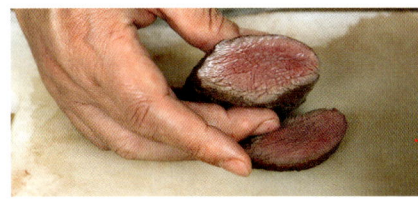

5 | 切り口がピンクになっていれば完了

オーブンの場合
320℃で6分加熱

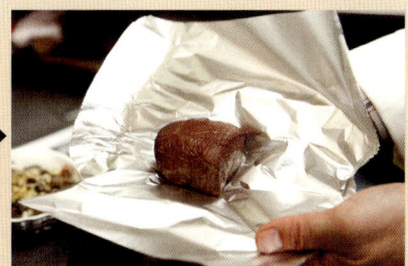

加熱後にアルミホイルに包み30分間放置

【オーブンを使う場合】

　320℃で正確に6分間加熱したあと,アルミホイルに包んで常温に30分間放置する。切り口がピンク色なら完了。
　大きさを均一にすれば,加熱のバラツキが少ないので,大量の調理をするときはこの方法がよい。
　家庭用オーブンで加熱温度が280℃上限の場合は,加熱時間を10分間とする。

シカカレー

 スジ肉 炒めたスジ肉をじっくり煮てスープを取ってから

シカスジカレーの場合

【材　料（4人分）】
ローリエの葉 1 枚
シカスジ肉（解体時に出るスジ肉）500 g
カレールー 4 人分　　タマネギ 2 個
ウスターソース 大さじ 1/2
ニンニク 2 片
インスタントコーヒー　小さじ 1
オリーブオイル 大さじ 1/2
ナス 3 〜 4 個　　　バター 大さじ 2
シシトウ 1 パック　　サラダ油 大さじ 3
ご飯 4 膳分

シカカレー（写真：石原　等）

シカカレーの材料

【つくり方】

① タマネギは薄切りにし，ニンニクはみじん切りにする。
② シカスジ肉は，2cmの長さに切る（写真 1）。
③ 鍋を熱してオリーブオイルとバターを入れ，ニンニクと②のスジ肉を加えて強火で炒める（写真 2）。
④ 肉に焼き色がついたら，水（または「シカだし」P 38）を鍋の 7 分目まで入れ，ローリエの葉も入れる（写真 3）。
⑤ 強火で加熱し沸騰したら，弱火にして 2 時間煮る（圧力鍋なら 50 分）。最初はアクを取り，水がなくなったら適宜足す（写真 4）。
⑥ ナスは 1/8 の縦切り，シシトウはヘタを取ってから，フライパンにサラダ油大さじ 2 を入れて熱し，ナスとシシトウを炒め，しんなりしたら取り出しておく（写真 5）。
⑦ フライパンにサラダ油大さじ 1 を入れ，タマネギをアメ色になるまで，中火でじっくり炒める（写真 6）。
⑧ ⑤の鍋から 400ccのスープを取り，残りのスープは捨てる。
⑨ 鍋に，⑤の肉，⑦のタマネギ，⑧の分量スープのほか，カレールー，ウスターソース，インスタントコーヒーを加えて，弱火で混ぜながら加熱し，とろみが出たら⑥のナス，シシトウを入れて，ひと煮立ちさせる（写真 7）。
⑩ ご飯にかけて仕上げる。

つくり方

1 スジ肉は長さ2cm程度に切る

2 香りの立ったニンニクにスジ肉を入れて強火で炒める

3 7分目まで水を入れ、ローリエも加えて強火で煮る

4 アクを取り、適宜水を足しながら弱火で2時間煮る。カレールーを溶く水の代わりに同量（400cc）のスープを使う

5 ナスとシシトウを炒める

6 タマネギをアメ色になるまで炒める

7 スープと肉、カレールーを入れ、弱火で加熱。とろみが出たら、ナス、シシトウを加える

31　2章　シカ肉の「いちおしレシピ」

モモ肉カレーの場合

【材　料（4人分）】
食塩，こしょう 適量
シカ肉（オオソト以外のモモ肉）500ｇ
カレールー 4人分　　タマネギ 中1個
サラダ油 小さじ1　　ジャガイモ 中1個
バター 小さじ1　　　ニンジン 1/2本
固形スープの素 1個

【つくり方】
①シカ肉は，3cm角に切り，塩，こしょうをする。
②サラダ油，バターをひいたフライパンで①の肉を強火で焼き色がつくまで一面一面ていねいに焼く。
③鍋に水（または「シカだし」P 38）を張り，②の肉を入れ，固形スープの素を入れて強火にかけ，沸騰したらアクを取り，弱火にして時々アクを取りながら，1時間煮込む（圧力鍋なら20分）。
④タマネギ，ジャガイモ，ニンジンを適当な大きさに切り，③に入れ煮込む。野菜に火が通ったら汁の量が400ccになるように調整し，カレールーを入れ仕上げる。

ドライカレーの場合

【材　料（4人分）】
シカ肉（クズ肉などどこでも使える）400ｇ
ピーマン 2個　　ニンニク 1片
セロリ 1/2本　　ショウガ 1片
小麦粉（薄力）大さじ2
タマネギ 中1個　　カレー粉 大さじ2
塩，こしょう 適量
オリーブオイル 大さじ2
固形スープの素 1個
ガラムマサラ 小さじ2
トマトジュース 1カップ
イチゴジャム 大さじ2

【つくり方】
①シカ肉は，塩，こしょうを加え，フードプロセッサなどにかけて挽肉にし，気になるスジは取る。
②油をひいたフライパンで，①の挽肉を強火で充分に炒める。
③ニンニク，ショウガ，タマネギはみじん切り，ピーマン，セロリは粗いみじん切りにする。
④鍋にオリーブオイルをひいて，ニンニク，ショウガを入れ弱火で炒める。香りが出たら，タマネギを入れてひと煮立ちさせてから，弱火で10分ほど蒸らし煮する。ピーマン，セロリを加えて炒める。
⑤②のひき肉を加えて，小麦粉，カレー粉を加えて水2カップと固形スープの素，トマトジュースを入れ，弱火にして木ベラで時々かき混ぜながら15分ほど煮込む。
　塩，こしょうで味を調える。
⑥仕上げに，イチゴジャム，ガラムマサラを加え，さらに5分ほど煮て火を止める。
⑦ご飯にかけて仕上げる。

CoCo壱番屋直伝・シカカレー

CoCo壱番屋のシカレー

【材料（4人分）】
シカ肉（オオソト以外のモモ）500g
ニンニク 4片　　塩，こしょう 適量
タマネギ 中1個　　ラード 適量
ジャガイモ 中1個　ニンジン 1/2本
中辛～辛口のカレールー 4人分
トレハロース（シカ肉重量の3％）15g

【つくり方】
①シカ肉は，スジの多い部分は1.5cm角，スジの少ない部分は2cm角に切り，塩，こしょうをする。
②鍋に湯を張ってシカ肉を入れ，60～70℃で10分煮出して，血液分の出た煮汁を捨てる。
③圧力鍋に湯を張り，トレハロース，ニンニク，②のシカ肉を入れて圧力をかけ7分間加熱する。そのまま余熱で保温調理する。
④シカ肉を取り出し，ラードにつけて油脂分を補う。
⑤タマネギ，ジャガイモ，ニンジンを適当な大きさに切り，別の鍋に入れて煮込む。野菜に火が通ったら④のシカ肉を入れ，汁の量を400ccに調整し，カレールーを入れて仕上げる（汁の量は，カレールーの分量に合わせる）。

シカ肉燻製

ロース

塩漬け液に3日，そして脱塩
塩漬けから燻煙までの工程に時間をかける
奥深い調理。経験を積んでコツを

【材　料（1本分）】
シカ肉（ロース）1kgにつき
水1500cc，塩30%，砂糖2～3%，
発色をよくしたい場合のみ硝石2～3%
シカ肉（ロース）かたまり 適宜
燻製用チップ（桜など）適量
ザラメ 適量

シカ肉燻製

【つくり方】

①シカ肉1kgに対して300gの塩，砂糖20～30gをスパイスやハーブとともに水1500ccに加えて塩漬け液をつくり，1～3日（大きなブロックは3日，小さなブロックなら1日）漬け込む（写真1）。

短時間で塩漬けしたい場合は，塩の量を増やしたり，肉に針で細かい穴をたくさん開けたりして塩の浸透をよくするとよい。

赤色の鮮やかなベーコンに仕上げたい場合は，塩に肉の重量の2～3%の硝石を加える。

②1～3日の塩漬け後，流水にさらして塩抜きをする（写真2）。

途中一部を取り出して加熱，試食して塩分を調整する（写真3）。

③風通しのいいところに半日から1日吊るし乾燥させる（写真4）（ソフトな食感に仕上げる場合は短めに，ハードに仕上げたい場合は長めに）。

夏場は，ハエが来ないように網などで覆う。

④燻煙にかける。燻煙温度と時間はスモーカーによっても変わるが，ここでは市販の家庭用スモーカーとモミガラ（または桜のチップなど）に，煙ののりと色付けをよくするためにザラメを加えて，60℃で2時間かけやわらかい生ハムのような食感に仕上げる（写真5，6）。

保存したいときは5～6時間かけ，身がしまったベーコン状にする（写真7）。

34

つくり方

5 燻材のモミガラにザラメを加える

6 スモーカーによる燻煙

7 身のしまったベーコン状の仕上がり

1 塩漬け

2 流水で脱塩

3 塩加減は焼いて試食してみる

4 吊るして乾燥

35　2章　シカ肉の「いちおしレシピ」

レバーペースト（リエット）

レバー レバーは狩猟当日の鮮度のいいものを

【材料（小ビン1個分）】
シカレバー 200g
シカ肉（オオソト以外のモモ）200g
ベーコン 4枚　　タマネギ 1個
ニンニク 2片　　セロリ 1本
薄切りフランスパン 20枚
エクストラ・ヴァージン（EV）オリーブオイル 大1
調味液A：白ワイン 160cc，水 200cc，ローズマリー 2枝，ローリエ 1枚，固形コンソメブイヨンの素 1個
調味液B：生クリーム 50cc，ブランデー大さじ2，塩・黒こしょう 適量
バター適量（写真1）

レバーペースト（リエット）（写真：石原 等）

【つくり方】
① シカレバー・シカモモ肉：約1cm角に切り，塩，こしょうをする（写真2，3，4）。
② ベーコンは約2cm幅に切る。
③ タマネギは串切りにし，ニンニクは皮をむいて芽を取り，セロリは1/2本を約1cm幅に切る。
④ テフロン加工のフライパンを加熱してオリーブオイルをひき，ニンニク，ベーコン，シカモモ肉，シカレバーを加えて，中火強でじっくりと炒める（写真5，6）。
⑤ 肉に焼き色がついたら，タマネギ，セロリも加えて，しんなりするまでさらに炒める。
⑥ 鍋に⑤と調味液Aも加えてふたをし，弱火で約15分煮る。
⑦ 肉が木ベラで押してつぶれるようになったらふたを取り，強火で水分を完全にとばしてから，火を止め，ローリエとローズマリーを取り出す。
⑧ 水分を取った鍋の中身をフードプロセッサなどにかけてペースト状にする（写真7）。
⑨ ペーストに調味液Bも加えて，さらにフードプロセッサなどで混ぜ，塩を少し強めに加えて味を調整する（写真8）。
⑩ 固さを調整するには，再度火にかけてバターを入れて溶かして混ぜると固く仕上がる。
⑪ ペーストを器に詰めて冷蔵庫で冷やす。
⑫ こんがり焼いたフランスパンを添え，ペーストをのせながらいただく。

【食べ方】
カリッと焼いた薄切りフランスパンにリエットを塗って食べるのがおすすめ。

つくり方

1 レバーペーストの材料

2 レバーを1cm角に切る

3 塩, こしょうをする

4 モモ肉にも同様に

5 2cm角に切ったベーコンとニンニクを炒める

6 ニンニクの香りが立ったらレバー, モモ, タマネギなど入れて炒める

7 炒めたあと調味液で煮てから, プロセッサーでペースト状に

8 ペーストを再び火にかけてバターで固さを調整

シカだし
（フォン・ド・シュヴルイユ）

背骨や関節付近くず肉

くせの少ないだし汁，ステーキやハンバーグソース，シチューやカレーのベースに

【材料（仕上がりのフォン10ℓ当たり）】
シカの骨（背骨や関節付近）・くず肉 10kg
赤ワイン3本（銘柄：カベルネ・ソーヴィニヨン，またはシラー2.3ℓ）
鶏ガラスープ 14ℓ
タマネギ 1.2kg　　　　ニンジン 1.2kg
マッシュルーム 200g　ニンニク 2玉
こしょう（粗挽きこしょう：ミニョネット，黒）2g
ネズの実（ジュニエーヴル）20粒（なければ省略できる）
ブーケ・ガルニ 1束（セロリの茎5cm，パセリ茎4cm，タイム2本，ローリエ1/4枚，ポワロー（西洋ネギ）1本）
粗塩 少々　　　　　　バター 少々

仕上がったシカだし（フォン・ド・シュヴルイユ）

シカだしの材料には背骨や関節付近くず肉を使う

　フランス料理では，ソースのベースとして「フォン」(fond)がつくられる。「フォン」というのは，日本料理で言えば「だし（出汁）」のこと。フランス料理の命はソース。そのソースの素がだし汁の「フォン」ということになる。

　よく耳にするフォン・ド・ヴォー（fond de veau）は「仔牛のフォン」のこと。フォン・ド・ジビエ（fond de gibier）とは，野生獣の骨やくず肉を焼いて香味野菜とともに煮出したもの。それぞれの素材に合わせてシカの骨やくず肉で取っただし汁はフォン・ド・シュヴルイユ（シカのフォン），イノシシはフォン・ド・マルカッサン（イノシシのフォン），鴨はフォン・ド・カナール（鴨のフォン），雉は フォン・ド・フェザン（雉のフォン）とよぶ。なかでも，シカのフォンは，ジビエ全般のソースの元としてクセが少なく汎用性があり，多くのジビエ料理に利用できる。シカ肉はもとより，牛やイノシシのポワレ（ステーキ）やハンバーグのソース，シチューやカレーなどの煮込みのスープベースとして使用する。イノシシや鴨のフォンは，クセが強いので利用できる料理が限られる。

つくり方

1 オーブンで背骨やくず肉を香ばしく焼き上げる

2 熱いうちに天板の焦げをワインでこそげ落として鍋に（デグラッセの方法）

3 骨と材料を鍋に入れてアクを取りながら煮込む

【つくり方】

① シカの骨（背骨や関節部分の骨がよい。大きな足の骨は不可）は，軽く洗ってから芯のスープが出るように金づちなどで半分に割り長さ5cm程度に切る。くず肉も同様5cm角に切る。

② タマネギ，ニンジンは2mmの薄切りに，マッシュルームは1/4切りにする。ニンニクは，1片ごとに横半分に切る。

③ オーブン（250℃）の天板に①のシカ骨とくず肉を途中裏返して，香ばしく全体に焼き色をつける（写真1）。

④ 骨と肉を取り出し，天板の液体をこし器（シノワ）で油脂分を取り除く（油脂分は捨てる）。

⑤ いったん天板を冷やしてから，少量のワインを入れて強火で加熱し，天板の周囲の焦げ（うまみ）を，木ベラでそぎ落とす（写真2）（フランス料理では「デグラッセ」と言う）。

⑥ 大鍋に，少量のバターを溶かして，②のタマネギ，ニンジンを入れて焦げ色がつくまで強火で炒め，さらにマッシュルーム，ニンニクを入れて色がつくほど炒める。

⑦ ④の油脂を切った骨と肉，⑤ワインでそぎ落とした汁，残りの赤ワイン，こしょう，鶏ガラスープ，ネズの実，ブーケ・ガルニ，粗塩を入れて（写真3），沸騰するまで強火で熱し，アクや油脂をすくい取る。

⑧さらにごく弱火で,2時間半〜3時間（液の分量が2/3程度になるまで）アクを取りながら煮つめる。
⑨煮汁をざるでこし,残った野菜やくず肉もくずしてこし器を通す（写真4,5）（残った野菜,骨は捨てる）。
⑩サッと強火で熱して油脂やアクを取り除く。
⑪バットに氷を張って鍋を置き,ペーパータオルでこしながら急速に煮汁の温度を下げる（写真6）。
⑫できあがった「フォン」は,中に含まれるゼラチン質によって固まる。
　冷蔵庫で3日,冷凍で1か月は保存が可能である。
⑬使用するときは,湯煎で溶かしてから,ソースベースなどに利用する。

4　煮汁をこし器（シノワ）でこす

5　煮込んだくず肉や野菜の残りもつぶしてこし器を通す

6　氷を使って急速に煮汁の温度を下げる

【調理の勘どころ】
・フォンに使うシカは,クセが少ない2〜3歳のメスがよい。
・骨は,ゼラチン質が多い。関節部分や背骨がよく,足の大腿骨など大きな骨は向かない。
・鶏ガラスープを,野鳥（鴨・山鳥・キジ）のガラと,つる首（長い首の部分）に替えることで特徴のあるフォンになる。
・シカの骨・肉や野菜に焼き色をつけるのは,フォンの色づけと「うまみ」を引き出すという意味がある。
・油脂分やアクをていねいに取り除くことで雑味のないフォンに仕上げることができる。
・煮込むときは,ごく弱火にすることで,雑味やえぐみを抑える効果があるから,けっして強火にしないこと。
・シカのスネ肉などのゼラチン質の多い部分の肉を加えることで,さらにコクが増す。
・仕上がったフォンを急激に冷やすことで,「傷み」を抑え,風味をとばさないようにする効果がある。

脳のムニエル
（焼きセルヴェルのソースがけ）

セルヴェル〈シカの脳〉

止め刺し後30分以内のものを使う。まずすぐにしっかり塩ゆで。このとき清酒を5%ほど入れると臭みが取れる

【材　料（4人分）】
セルヴェル（脳）2頭分
小麦粉（強力）少量　　バター 適量
オリーブオイル 適量
塩，こしょう 適量

　セルヴェルは，「脳みそ」。フランス料理では仔羊や子牛の「脳みそ」も使う。
　セルヴェルは，止め刺し後30分以内の処理が肝心。1時間を超えると，内側から組織が壊れて使えない。猟場で捕獲・放血後，処理場搬入で15分，剥皮・内臓処理・枝肉分離で15分，その他調理場まで運ぶ時間を見込むと1時間が限界。セルヴェルは，狩猟現場と太いパイプがあればこそ利用が可能な食材だ。その味は「味の薄い白子」といったところ。

脳のムニエル（焼きセルヴェルのソースがけ）
（写真：倉持正実）

つくり方

1　一口大に切って塩，こしょうし，小麦粉をまぶす（写真：倉持正実）

2　まずバターで表面に焼き色をつけてから，バターをかけながら弱火で焼く
（写真：倉持正実）

【つくり方】
①セルヴェルは一口大に切る。
②セルヴェルに塩，こしょうしてから小麦粉（強力）を表面に薄くつける。
③フライパンを熱してオリーブオイルを入れ，強火で①のセルヴェルの両面にサッと焼き色をつける。

④バターを加えて弱火にし，溶けたバターをセルヴェルにかけながら（フランス料理では「アロゼ」と言う）火を通していく。途中，クッキングペーパーで余分な脂は吸い取ること。
⑤皿に④のセルヴェルを盛る。下記のグリーンアスパラガスのソテーとキャベツの蒸し煮をのせてもよい。フライパンに残ったソースをかける。

【勘どころ】
・バターでムニエルするときに出てくる余分な脂はクッキングペーパーで吸わせる。
・セルヴェルは鮮度が重要。すぐに強火でしっかり塩ゆで（フランス料理では「ブランシール」と言う）しておけば冷蔵庫で3～4日間保存が可能（冷凍不可）。
・セルヴェルは中まで火を通すように塩ゆでする。ソテーするときにも形がくずれない。

グリーンアスパラガスのソテー

【材料】
グリーンアスパラガス4本
タマネギ（薄切り）1/4個
オリーブオイル 大さじ1
パセリ（みじん切りで）大さじ1
塩，こしょう 適量

【つくり方】
①グリーンアスパラガスは，5cm長さに切る。パセリはみじん切りに，タマネギは薄切りにする。
②フライパンを熱してオリーブオイルを入れ，グリーンアスパラガスを炒め，さらにタマネギを加えて炒め，パセリをふる。
④塩，こしょうで味を調える。

キャベツの蒸し煮（ブレゼ）

【材料】
キャベツの葉2枚
エシャロット（みじん切り）大さじ1
バター 適量
フォン・ド・ヴォライユ（鶏のフォン）適量
塩，こしょう 適量

【つくり方】
①キャベツを塩湯でサッとゆで，ざるにあげておく。
②鍋にバターを入れ，エシャロットを弱火でじっくり炒める。
③①のキャベツを加えて炒め，フォン・ド・ヴォライユを注ぐ。
④塩，こしょうで味を調え，常温でクリーム状にしたバターを加えて混ぜて（フランス料理では「モンテ」と言う），コクと風味を出す。

セルヴェルの下処理

セルヴェルは止め刺し後 30 分以内のものを使う（1 時間が限度）。すぐに塩ゆでにして下処理する。ゆでる際には 5％の清酒を加え臭みを取る。

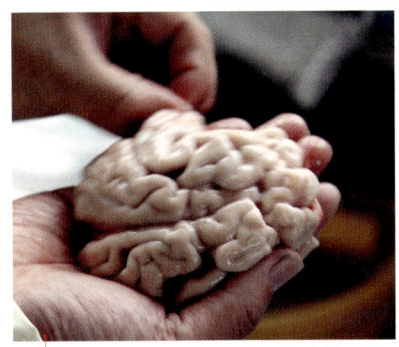

3 血管をていねいに除く（写真：倉持正実）

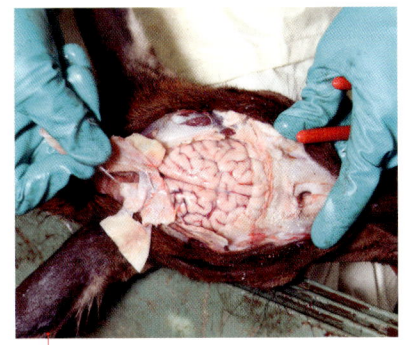

1 脳を取り出す（写真：倉持正実）
（詳しくは『うまいぞ！ シカ肉』で）

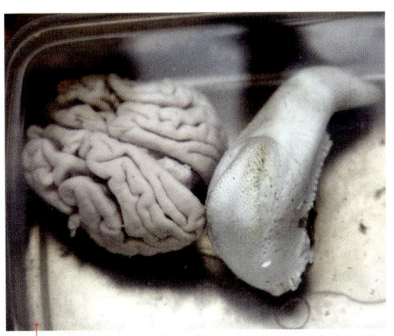

4 清酒を 5％加えてしっかり塩ゆでする（フランス料理では「ブランシール」と言う）右は舌（タン）（写真：倉持正実）

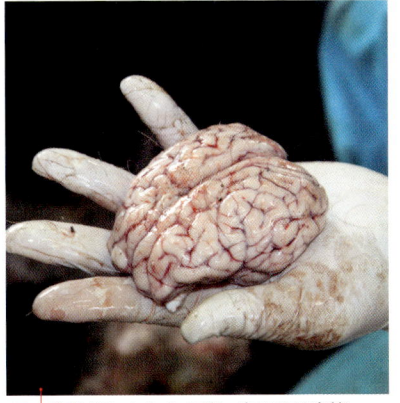

2 取り出したシカの脳。赤いのは血管（写真：倉持正実）

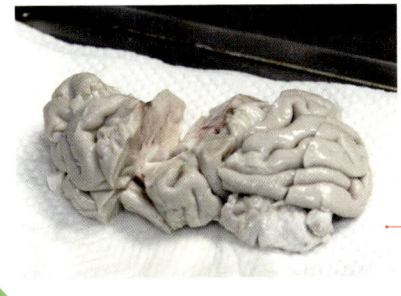

5 中まで火を通すと仕上がりが型くずれしない（写真：倉持正実）

シカロースの焼肉

ロース 厚さ5mmの輪切り，調味液に浸けたあと，焼く直前に表面をごま油でコーティング

【材料（4人分）】
シカ肉（ロース肉）300g
調味液A：おろしニンニク 小さじ1，ショウガの絞り汁 小さじ1，ネギみじん切り 1/4本，白ごま 大さじ1，おろしリンゴ 大さじ2，昆布だし 大さじ2，清酒 小さじ2，醤油 大さじ3，みりん 大さじ1，ごま油 大さじ1/2，味の素 小さじ1
はちみつ 大さじ1　ごま油 大さじ1
塩，こしょう 少々

ロースの焼肉（写真：石原 等）

シカロースの材料

ロースにはスジが付着しているのでこれをそぎ落とす作業が必要である（写真下参照）。

スジの外し方

スジのついたままのロース

【つくり方】
①シカロースは，スジを取り繊維に直角に，5mm厚の輪切りにする（写真1）。
②調味液Aを混ぜ合わせて，タレをつくる。
③①のシカ肉を②のタレで軽く混ぜ合わせ5分間漬けておく（写真2）。
④焼く前に，ごま油で表面を包む。こうすることで焼いたときのシカのにおいをごま油の香りがカバーし，肉汁が出るのも防げる（写真3）。
⑤ホットプレートなどで両面を焼く。焼きすぎると固くなるので注意。

ロースのスジを外す。うまくスジを取れないときは，スジを下にしてまな板と密着させ，スジと肉の間に包丁を入れるとよい

シカ肉の韓国風焼肉の場合

【材　料（4人分）】
シカ肉（ロース肉）400ｇ
ごま油 大さじ1　　炒り白ごま 適量
サニーレタス 10枚
サンチュ 10枚　　青ジソ 10枚
調味料A：醤油 大さじ4，はちみつ 大さじ2，ごま油 大さじ2，すり白ごま 大さじ2
ニンニク2片　　　長ネギ1本
調味料B：コチュジャン 大さじ2，食酢 大さじ2

【つくり方】
①シカロースはスジを取り，繊維に直角に5㎜厚に切る。
②ニンニクはすりおろし，長ネギはみじん切りにする。
③①のシカ肉に②のニンニク，長ネギ，調味料Aを加えてよく混ぜ，10～20分間ねかせて下味をつける。
④フライパンを火にかけ，ごま油をひいて，強火で③をよく炒め，最後に炒り白ごまをふって仕上げる。

【食べ方】
　サニーレタス，サンチュ，青ジソなど好みの野菜に④をのせて巻き，混ぜ合わせた調味料B（コチュジャン，食酢）をつけて食べる。

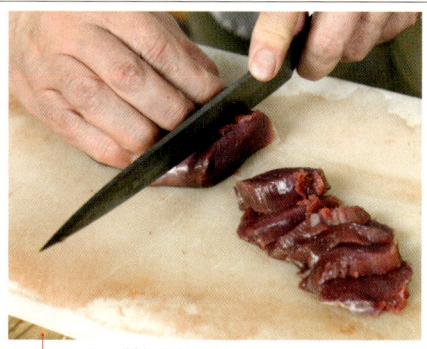

つくり方

1　5㎜厚の輪切りにする

2　調味液に5分間浸ける

3　ごま油で表面を包んでから焼くとにおいをカバーできる

シカ鍋（もみじ鍋）

モモ肉 シカ肉は，半冷凍で2mmの厚さに切って使う

【材　料（4人分）】
白ネギ 2 本
シカ肉（シンタマやスジの少ないモモ）800 g
焼き豆腐 1 枚
鍋用味噌（赤・白味噌）260 g
焼き麩 8 個　　　砂糖 大さじ 2 ～ 3
白菜 1/4 玉　　　みりん 1/4 カップ
ニンジン 1 本　　清酒 1/4 カップ
ゴボウ 細いもの 5 本　昆布 5cm
こんにゃく 200 g　粉山椒 適量
シイタケ 4 枚　　カツオ節 10 g
エノキダケ 1 袋

シカ鍋の材料

シカ鍋材料の盛り付け

つくり方

シカ鍋（もみじ鍋）（写真：石原 等）

【つくり方】

① 鍋に水2カップ半，昆布，カツオ節を入れ，火にかける。沸騰したらアクや泡をすくい取り，弱火で5〜6分煮てからこす。約2カップ分のだしが取れる。

② 焼き豆腐・焼き麩はいずれも食べやすい大きさに切り，焼き麩は水に浸けて戻す。

③ ゴボウはささがきにし，酢水に浸ける。ニンジンは，型抜きして薄切りにし，白ネギ，白菜，シイタケ，エノキダケ，こんにゃくは食べやすい大きさに切る。こんにゃくは，下ゆでしておく。

④ シカ肉は，半冷凍の状態（冷凍時間を調整して包丁が入る程度に凍らせる）で2mm厚の輪切りにし（写真1），1枚ずつ広げて皿に盛り付け，粉山椒をふる。

⑤ 土鍋の6〜7分目までを目安に，①のだし汁を張り，火にかけ煮立ったら火を弱め，鍋用味噌（なければ赤味噌1：白味噌1を合わせる），みりん，清酒，砂糖を溶いて入れる。

⑥ ⑤が再び煮立ったら，シカ肉を加えアクを取り，煮えにくい材料から順に鍋に入れて煮る。

⑦ じっくり煮込み，煮えたものから煮汁と一緒に取り分け，粉山椒を好みでふって仕上げる。

1　半冷凍のままで2mm厚に切る
専用スライサーがなくても冷凍時間を調整すればこのように包丁でスライスできる

ハンバーグ

モモ肉　ミンチ後は素早く調理する

【材　料（4人分・4個）】

シカ肉（オオソト以外のモモ）500 g
卵 1個　　　　タマネギ 1/2 個
塩 小さじ 1/3　サラダ油 大さじ 2
黒こしょう 適量　パン粉 1/2 カップ
ナツメグ 適量　牛乳 大さじ 4
オールスパイス 小さじ 1
赤ワイン 大さじ 2
ウスターソース 大さじ 2
ケチャップ 大さじ 2

ハンバーグ（写真：石原　等）

ハンバーグの材料

【つくり方】

① タマネギを細かいみじん切りにする。
② フライパンに，サラダ油大さじ 1 を入れて，①を透き通るまで 6～7 分ゆっくり炒め，冷ましておく（写真 1）。
③ パン粉は，牛乳を混ぜて湿らせておく。
④ シカ肉は，フードカッターでミンチ状にする。ミンチした後は，スジを取っておく（写真 2，3）。ミンチして時間をおくと，においがきつくなるのですぐに調理する。
⑤ ボウルに，ミンチしたシカ肉，炒めタマネギ，パン粉，卵，塩，黒こしょう，ナツメグ，オールスパイスを入れる（写真 4）。
⑥ ボウルの中で，手で握りつぶしたり，指先で混ぜたりして，ひとまとまりになるまでよくこねる（写真 5）。
⑦ 手にサラダ油をつけて，1/4 の量を取り両手でキャッチボールするように空気を抜き，小判型に整える（写真 6）。
⑧ フライパンを中火で熱し，最初はくずれやすいので気をつけて 3～4 分焼く（写真 7）。
⑨ 両面が焼けたら，ふたをしてやや弱火で 3～5 分焼く。
⑩ 一番厚い部分に竹串を刺し，透明な肉汁が出たらできあがり。
⑪ 焼いたフライパンの油を捨て，そこに赤ワイン，ウスターソース，ケチャップを加えてソースをつくりハンバーグにかける。
好みの付け合わせを添える。

つくり方

1 みじん切りのタマネギをゆっくり炒める

2 フードカッターでモモ肉をミンチする

3 ミンチ後スジを除く。作業は手早く

4 ボウルにシカ肉ほか材料を入れる

5 ひとまとまりになるまでよくこねる

6 両手でキャッチボールするようにして空気を抜き整形する

7 フライパンで焼く

シカ肉トマト煮込みハンバーグの場合

【材　料（4人分）】
シカ肉（オオソト以外のモモ）500ｇ
タマネギ1/2個，
材料A：卵 1個，牛乳 1/4カップ，パン粉 1カップ，塩 小さじ1/2，ナツメグ 小さじ1，サラダ油 大さじ2
マッシュルーム 1パック
材料B：白ワイン 大さじ2，ホールトマト（缶詰）1缶（400ｇ），トマトジュース 1缶（190ｇ），オレガノ 小さじ1
こしょう 適量

【つくり方】
①タマネギをみじん切りにし，フライパンを火にかけサラダ油大さじ1をひいて,透き通るまで炒めてから冷まし，材料Aと混ぜ合わせておく。
②シカ肉は，フードプロセッサなどで細かくミンチ状にし，気になるスジは取っておく。ナツメグ，塩，こしょうを入れて手で練るようによく混ぜておく。
③さらに①のタマネギ，②のミンチ肉を一緒にしてよく混ぜ合わせる。
④手にサラダ油（分量外）をつけて③を4等分にし，両手でキャッチボールして空気を抜きながら，それぞれをハンバーグの形にまとめる。
⑤フライパンを熱して，サラダ油大さじ1をひき，④を並べて中火で両面に焼き色をつける。
⑥鍋にスライスしたマッシュルームを入れて軽く炒め，材料Bを加える。なお，ホールトマトは汁ごと加えて鍋の中でトマトをつぶす。
⑦鍋が沸騰してきたら，弱めの中火にして，⑤のハンバーグを入れ，ふたをして8〜10分煮る。水気がなくなったら適宜水を足す。
⑧煮上がったら味を見て，塩，こしょうで味を調えて仕上げる。

春うきうき和風ハンバーグの場合

【材　料（4人分）】
シカ肉（オオソト以外のモモ）1kg
黒豆の皮50ｇ　　豆腐2丁
卵1個
以下は適量（パン粉，味噌，砂糖，食塩，こしょう，ノビル，山椒の葉）

【つくり方】
①フードプロセッサなどで，シカ肉をミンチ状にし，気になるスジを取っておく。
②黒豆の皮，ノビル，山椒の葉はみじん切りにする。
③①，②と残りの材料すべてを入れてこねてから，小さめのハンバーグ形に整えて，フライパンで中まで火が通るように気をつけながら焼く。

【食べ方】
あんず味噌をつけて食べるとなお美味。

シカロースとフォアグラのアンクルート（パイ包み）

ロース

シカロースとカモ・ガチョウのフォアグラの組み合わせ
ロース表面もフォアグラもオリーブオイルで軽く焼いてから
固くなるので熱いうちに食べる

【材　料（4人分）】
シカ肉（ロース）320 g
フォアグラ（ガチョウまたは鴨）200 g
パイ生地（30×30cm）4枚
卵黄 適量　　　ホウレンソウ 4束
牛乳 適量
ブドウのピューレ 適量
オリーブオイル 適量
デミグラスソース 適量

【つくり方】（52ページ写真参照）
① ロース肉は，スジをとり 80g×4 ブロックに切り分ける。フォアグラは，50g×4 カットにする（写真1）。
② ロースは，塩，こしょうをしてオリーブオイルで表面を軽く焦げ目がつく程度に焼く。
③ フォアグラも，オリーブオイルで軽く焦げ目をつける。
④ できるだけ薄く広げたパイ生地の上にフォアグラを置き，ブドウのピューレを塗って，その上にシカ肉を置く。パイ生地で全体を包み，表面に牛乳で伸ばした卵黄を塗る。ナイフで飾り切りをする（写真2）。
⑤ ホウレンソウは，バターで炒めておく。
⑥ 正確に270℃に予熱したオーブンで④のパイを正確に8分間焼く（写真3）。パイの表面にきれいな焼き色がつくのでそれを確認する（写真4）。

シカロースとフォアグラのパイ包み
（写真：倉持正実）

焦げやすくシカ肉に火が入りすぎるので，すぐにオーブンから出すこと。
⑦ バターで炒めたホウレンソウを皿に敷き，その上に焼きあがったパイを置く。こうするとパイが安定する。
⑧ デミグラスソース（「シカだし」P 38 を混ぜることで本格的な味に仕上がる）をかける。

【食べ方】
　時間をおくとシカロースに火が入って固くなるので，熱いうちにすぐ食べる。

つくり方

1 ロースとフォアグラの大きさを合わせる

2 フォアグラにロースをのせてパイ生地で包み，卵黄を塗りナイフで飾り切りを入れる

3 天板にのせて焼く
ホウレンソウはバターで炒めておく

4 オーブンを270℃に設定し，正確に8分間焼く

70kgのオスジカを解体すると…

70kgのオスジカの肉利用率

部　位	利用できる重量とその割合	
	重量（kg）	割合（%）
後ろモモ肉	12.8	18.2
背ロース	3.1	4.4
肉（骨付き）	3.6	5.1
すね肉（骨付き）	3.6	5.1
レバー	2.0	2.9
心臓・腎臓	0.5	0.7
骨類	4.0	5.8
廃棄（内臓・皮ほか）	35.0	50.0

52

モモ肉の赤ワイン煮

モモ肉

煮立てることなく水面がほほ笑む程度のごく弱火で2時間40分赤ワインを補いつつ1/3にまで煮つめる

【材 料（4人分）】
赤ワイン（銘柄：カベルネソービニオンまたはシラー）1本
シカ肉（シンタマやスジの少ないモモ）600g
クランベリージャム 50g
シカのだし（または水） タマネギ 1個
ニンジン 1本 セロリ 1本
塩，こしょう 適量 小麦粉 大さじ1
バター 20g
セージ・ローズマリー 適量

モモ肉の赤ワイン煮。骨を入れるとうま味が増す

【つくり方】
① シカ肉はひと晩赤ワインに漬け込んだ後，水気を拭いてオリーブオイルを塗っておく。
② 野菜は一口大に切っておく。
③ 煮込み鍋にバターをひいて，野菜をこんがり色づくまで中火で炒める。
④ フライパンを加熱しバターをひいて，シカ肉を広げ弱火で表面を焼き，②の野菜を炒めておいた煮込み鍋に入れる。そこに赤ワインとジャム，セージとローズマリーを加え，水面がほほえむくらいの火加減で（フランス料理では「ポシェ」と言う）煮込んでいく。
⑤ 途中で水分が少なくなってきたら，シカのだし（または水）を加えながら常にシカ肉に対してひたひたになるくらいの水分の状態で煮込む。
⑥ 2時間40分経ったら，シカ肉とニンジンは取り出してアルミホイルなどで保温し，煮汁はこす。
⑦ 煮汁をソースの濃度に煮つめ，塩，こしょうで味を調える。
⑧ シカ肉を食べやすい大きさに切り，皿に盛り付けてソースをかける。好みの付け合わせを添える。

赤ワイン煮の材料

青椒肉絲
(チンジャオロースー)

モモ肉

シンタマなどスジの少ない部位を利用。モモ肉の固さをカバーするには，繊維に直角に1cm厚に切り，さらに1cm角の短冊にして醤油調味液に

【材　料（4人分）】
シカ肉（シンタマなどスジの少ないモモ）200g
カラーピーマン（黄）1個
カラーピーマン（赤）1個
ピーマン 1個　　サラダ油 大さじ2
黒こしょう 小さじ1　ニンニク 1片
調味液A：醤油 小さじ2，片栗粉 小さじ2，ごま油 小さじ2
調味液B：醤油 大さじ2，清酒 大さじ2
水溶き片栗粉C：片栗粉 小さじ2，水 小さじ2
揚げ油 適量

青椒肉絲（チンジャオロースー）（写真：石原　等）

【つくり方】
① シカ肉は，繊維に直角に1cm厚に切ってから，さらに1cm角の短冊に切る（写真1，2）。
② ピーマン（黄，赤，緑）は，縦半分に切り，ヘタと種を取り，縦5mm幅に切る（写真3）。
③ ①の短冊に切ったシカ肉を調味液Aに漬け込む（写真4）。
④ フライパンを加熱して，多めのサラダ油を入れ，弱火で，ピーマンを軽く炒め，油を切っておく（写真5）。
⑤ ピーマンを揚げたあとの油を中火で加熱し，シカ肉を入れてくっつかないように焼き，表面がカリッとしてきたら引き上げる（写真6）。
⑥ 改めてフライパンにサラダ油を熱し，ニンニクのみじん切りを入れて香り立

青椒肉絲（チンジャオロースー）の材料

つまでていねいに炒める。
⑦ このフライパンにピーマンとシカ肉を入れ，調味液Bを加えて炒め合わせる。
⑧ 水溶き片栗粉Cを，フライパンに回し入れて大きく混ぜ合わせてとろみをつける（写真7）。
⑨ 器に盛り合わせて，こしょうをふって仕上げる。

つくり方

1 モモ肉をまず1cm厚の輪切りにする

2 その後さらに1cm角の短冊に切る

3 ピーマンは縦に5mm幅で切る

4 シカ肉を調味液に漬け込む

5 多めのサラダ油でピーマンを軽く炒める

6 ピーマンの揚げ油で肉を焼く

7 肉とピーマンを合わせ調味液も加えて炒め、水溶き片栗粉でとろみをつける

シカそぼろ
(ピリ辛シカ肉そぼろのレタス包み)

モモ挽肉

ミンチしたモモ肉を
強めの火でそぼろに

【材 料（4人分）】
シカ肉（オオソト以外のモモ）300ｇ
ニンニク（みじん切り）1かけ分
ゆでタケノコ 80ｇ
ネギ（みじん切り）大さじ4
干しシイタケ 6枚
ショウガ（すりおろす）小さじ1
レタス 1/2個
豆板醤（トウバンジャン）小さじ1～2
サラダ油，清酒，味噌，砂糖，ごま油 各適量

シカそぼろ（ピリ辛シカ肉そぼろのレタス包み）

【つくり方】

① ゆでタケノコは5㎜角の短冊に切る。干しシイタケを水で戻し、軸を落として5㎜角に切る。
② 中華鍋にサラダ油大さじ1を熱して，ミンチしたシカ肉を入れ，玉じゃくしの背などで押すようにしてほぐしポロポロにする。
③ 肉がほぐれたら，ニンニク，ネギ，ショウガを加えてサッと炒め，①のタケノコも加え炒め合わせる。
④ ③に豆板醤も加えて炒め，清酒大さじ3，味噌大さじ4弱（70ｇ）を入れて混ぜる。砂糖大さじ1，水カップ1/2を加えて煮立て，火を弱めてふたをし，10分間ほど煮る。
⑤ ふたを取って火を強め，汁気をとばしポロポロのそぼろ状にする。最後に，ごま油大さじ1/2をふって混ぜる。
⑥ レタスは1枚ずつはがして洗い，水気を拭いて縦半分にちぎる。
⑦ 器に⑤を盛り付け，レタスを添えて仕上げる。

【食べ方】

レタスにのせて，包んで食べる。

シカ肉とカブのそぼろ煮の場合

【材　料（4人分）】
シカ肉（部位はどこでもよい）200 g
ショウガ汁 小さじ1
水溶き片栗粉 大さじ4　　カブ（小）6個
塩，サラダ油，清酒，みりん 各適量
カブの葉 少々

【つくり方】

① カブは，茎を3cmほど残して葉を落とし，皮をむいて縦半分に切る。水に10分間浸して，茎の付け根の汚れを竹串などでこすり落とし，水気をきる。カブの葉は，塩少々を入れた湯でサッとゆでて冷水に取り，水気を絞って3～4cmの長さに切る。

② シカ肉をミンチにし，気になるスジは取っておく。

③ 鍋に，サラダ油小さじ1を熱し，②のミンチ肉を入れてほぐしながら炒める。肉の色が変わったら，カブを入れてサッと炒め合わせ，酒大さじ2をふる。水カップ2を加えて煮立てアクをすくい取る。

④ ③にみりん大さじ2と，ショウガ汁を加えてふたをし，弱火で5分間煮る。塩小さじ1，醤油小さじ1/2を加えて再びふたをし，カブがやわらかくなるまでさらに5分間ほど煮る。

⑤ カブがところどころ見えるくらいの汁の量になったら，水溶き片栗粉を回し入れてとろみをつける。

⑥ ⑤にカブの葉を加え，サッと煮て仕上げ，器に盛る。

竜田揚げ

モモ肉

モモ肉は繊維に直角に 5㎜厚に切り調味液へ，加熱で縮まないようスジには切れ目を

【材　料（4人分）】
シカ肉（シンタマやスジの少ないモモ）260ｇ
ショウガ 40ｇ　　ネギ 40ｇ
片栗粉 40ｇ
レタス，ミニトマトなど 適量
サラダ油 適量　　　麺つゆ 適量
調味液Ａ：醤油大さじ 1/2，清酒小さじ 2

【つくり方】
①シカ肉は繊維に直角に 5㎜厚に切り，スジのあるシカ肉は縮まないようにスジに切れ目を入れておく。
②調味液Ａにショウガとネギのみじん切りを加えて漬け込み，10～20分放置する。
③ペーパータオルでシカ肉の水分を取り，片栗粉をまぶす。
④片栗粉をまぶしたシカ肉を 170～180℃のサラダ油で揚げる。
⑤器にレタスを敷いて盛り付け，ミニトマトを添えて仕上げる。
　好みで麺つゆをかけてもよい。

竜田揚げ

3章

シカ肉ならではの一品

揚げ春巻き

【材　料（4人分・8本）】

シカ肉（モモならどこでもよい）200ｇ
ニラ 1/2束
生シイタケ 2個
春雨 40ｇ
春巻きの皮 8枚
揚げ油（ラードがベスト）適量

調味料A：片栗粉 大さじ1，オイスターソース 大さじ1，こしょう少々，ショウガ汁 1片分
調味料B：醤油 適量，練り辛子 適量

● つくり方

① 生シイタケは軸を取って縦半分に切り，端から薄切りにする。
② 春雨はキッチンバサミで長さ2cmに切る。
③ ニラは長さ2cmに切る。
④ シカ肉はフードプロセッサなどで細かくミンチ状にし，気になるスジは取っておく。ミンチして時間をおくとにおいがきつくなるので，すぐに調理する。
⑤ ボウルに生シイタケ，春雨，ニラ，ミンチ肉，調味料Aを入れ，手でよく混ぜ合わせて具をつくる。
⑥ 春巻きの皮に⑤の具を1/8量ずつのせて包み，巻き終わりに水溶き片栗粉（分量外）を薄く塗ってしっかりと閉じる。
⑦ 揚げ油を160℃になるまで熱し，⑥の春巻きの包みを入れる。
時々菜箸で上下を返し，皮が固くなってきたら少しずつ火を強める。
⑧ キツネ色になったら180℃まで温度を上げ，表面をカリッとさせて油をきる。
⑨ 皿に盛り仕上げる。

食べ方● 調味料B（醤油，練り辛子）につけて食べる。

揚げ春巻き

揚げもの モモ挽肉

肉だんごと野菜の甘酢あんかけ

【材　料（4人分）】

肉だんごの材料
シカひき肉 400g，砂糖 大さじ5（45g），タマネギ（みじん切り）半分，卵 1個，清酒 大さじ1，ショウガ汁 大さじ1，ごま油 小さじ1，片栗粉 大さじ1，小麦粉 大さじ1

ニンジン 1/2本　レンコン（水煮）1袋　ピーマン 2個
調味料A：りんご酢 90cc，砂糖 大さじ5（45g），醤油 70cc，ケチャップ 大さじ2，ごま油 大さじ1，ニンニク（みじん切り）小さじ1/2，オイスターソース 大さじ1，水 90cc，水溶き片栗粉 大さじ3〜4
サラダ油 大さじ1

● つくり方

① タマネギ，ニンニクは，それぞれみじん切りにする。
② ニンジン，レンコン，ピーマンは，それぞれ乱切りにする。
③ ポリ袋の中に肉だんごの材料をすべて入れ，袋の外側からよくこねる。
④ こねあがった肉だんごのタネは，丸くだんごに成形する。
⑤ ④を180℃に予熱した揚げ油でカラッと揚げる。
⑥ フライパンにサラダ油をひき，中火で加熱し，ニンジン，レンコン，ピーマンの順に入れてサッと炒める。
さらに調味料Aを加えて炒め，とろみがついたらあんのできあがり。
⑦ ⑤を皿にのせ，あんをかけて盛り付ける。

肉だんごと野菜の甘酢あんかけ

モモ肉 揚げもの

チリソース

【材 料（4人分）】

シカ肉（シンタマやスジの少ないモモ）500g
缶グリーンピース 小1　片栗粉 適量
ごま油 大さじ2　揚げ油 適量
塩，こしょう 適量

調味料A：豆板醤（トウバンジャン）小さじ1，鶏ガラスープ 2/3カップ，塩 小さじ1/3，清酒 大さじ1と1/2，砂糖 大さじ1と1/2，ケチャップ 大さじ2

● つくり方

①シカ肉は，繊維に直角に1cm厚さの輪切りにし，さらに1cm角の短冊に切り，塩，こしょうをする。
②180℃で，カラッとなるまで揚げ，油を切っておく。
③別のフライパンに調味料Aを入れて，泡が出る程度まで炒める。
④③に水溶き片栗粉を入れてとろみをつけ，仕上げにごま油を入れて香りをつけて，チリソースにする。
③と④の手順でつくったチリソースは市販のチリソースでも代用できる。
⑤揚げたシカ肉を皿に盛り付け，④のチリソースをかけグリーンピースをのせて仕上げる。

チリソース

揚げもの 挽肉

サモサ

【材料（4人分）】

シカ挽肉 300g　春巻きの皮 10枚
ジャガイモ 2個（200g）
タマネギ 1個（200g）
コーン（缶詰）1缶
ピッツァ用チーズ 適量
調味料A：インディアンカレーパウダー 大さじ1.5，塩 小さじ1，砂糖 大さじ1，塩・こしょう 少々，中華スープの素 大さじ1強
調味料B：小麦粉 大さじ1，水 大さじ1
調味料C：ミントチャツネ（ミント（葉）1/2カップ，パクチー 1茎，青トウガラシ（またはシシトウ）3本，ニンニク 1片，プレーンヨーグルト 大さじ3，レモン汁 大さじ1，砂糖 小さじ2，クミンパウダー 小さじ0.5）

● つくり方

① ジャガイモは，よく洗って，電子レンジのターンテーブルの端に並べ，3分加熱してから，上下を返して，さらに3分加熱する。
② 加熱したジャガイモの皮をむいて，ポリ袋に入れ，手で押しつぶす。
③ タマネギは，粗みじん切りにする。フードプロセッサを使うと早い。
④ フライパンにサラダ油大さじ2を熱して，シカ挽肉をサッと炒め，肉に火が通り，色が変わったところで，タマネギも加えて，しんなりするまでさらに炒める。
⑤ ④にコーンと調味料A，②のマッシュポテトを加えて加熱し，よく混ぜる。混ざったところで火を止め，バットに広げて，冷ます。
⑥ 春巻きの皮を1枚ずつ広げて，2等分に切る。
⑦ 春巻きの皮の端に⑤の具とピッツァ用チーズをのせて，三角に折りたたんでから皮の端まで巻き込んでいき，皮の最後に調味料Bを塗って閉じる。
⑧ 調味料C（ミントチャツネ）は，ミルまたはフードプロセッサにかけて，ペースト状にしておく。
⑨ 170℃に予熱した揚げ油に，⑦の春巻きを入れて，こんがりとキツネ色になったら引き上げる。
⑩ 器に盛り付けて，⑧のミントチャツネを添えて仕上げる。

サモサ
（写真：ピットイン・クッキングサロン　赤塚 愛）

モモ肉　**揚げもの**

シカマヨ（揚げ肉のマヨネーズソースあえ）

【材　料（4人分）】

シカ肉（シンタマやスジの少ないモモ）500ｇ
清酒 大さじ2
塩，こしょう 少々
卵 大1個
ショウガ汁 大さじ2
揚げ油 適量
片栗粉 大さじ4
マヨネーズ 大さじ6
コンデンスミルク 大さじ1.5
粗挽きマスタード 小さじ2
レタス 4枚粗挽き

● つくり方

①シカ肉は，輪切り1cm厚に切り，1cm角の短冊切りする。
②①のシカ肉に清酒，ショウガ汁，塩，こしょうをして，手でもみ込んで下味をつける。
③ボウルにマヨネーズ，コンデンスミルク，マスタード，塩少々を入れて混ぜ合わせ，マヨネーズソースをつくっておく。
④卵をしっかり溶きほぐし，片栗粉を加えて揚げ衣をつくり，②のシカ肉を入れて衣をからめる。
⑤揚げ油を170℃（中温）に熱して，④を入れ，くっつかないようにしながらしっかりと揚げる。
⑥揚げたシカ肉を③のマヨネーズソースであえる。
⑦レタスを器に盛り，温かいうちにその上に⑥の揚げたシカ肉を盛り付ける。

シカマヨ（揚げ肉のマヨネーズソースあえ）

炒めもの　モモ肉

回鍋肉（ホイコーロー）

【材　料（4人分）】

シカ肉（シンタマやスジの少ないモモ）200 g
キャベツ 500 g　　ピーマン 4個
ニンニク 1片　　　ショウガ 1片
太ネギ 1本

調味料A：豆板醤（トウバンジャン）小さじ1，甜麺醤（テンメンジャン）大さじ3，砂糖 大さじ2，醤油 大さじ2，清酒 大さじ2
ごま油 大さじ2　　サラダ油 大さじ2

● つくり方

① シカ肉は，繊維に直角に包丁をあて5mm厚に切り，さらに5mm角の短冊になるように切り揃える。
② キャベツは芯を取り5cm角に切る。ピーマンは縦半分に切って種ヘタを取り，横にして斜め包丁を入れて半分に切る。
③ ニンニク，ショウガ，太ネギはみじん切りにして，サラダ油で炒め，香りが立ったら①のシカ肉を加えて，さらに肉に色がつくまで炒め，調味料Aをからませてから，また炒める。
⑤ さらに②のキャベツとピーマンを加えて炒め，最後にごま油を加えて仕上げる。

回鍋肉（ホイコーロー）

3章　シカ肉ならではの一品

モモ肉 炒めもの

チャーハン

【材　料（4人分）】

シカ肉（オオソト以外のモモ）200 g
ベーコン 4 枚　　太ネギ 1 本
ニンジン 1/2 本　サラダ油 小さじ 2
卵 4 個　　　　　醤油 大さじ 1
塩，こしょう 少々
ごま油 小さじ 1
冷やご飯（3 膳分）600 g

● つくり方

① シカ肉は，繊維に直角に包丁をあて 5 mm 厚に輪切りにし，さらに 5 mm の角切りにする。
② ベーコン，ニンジンは 1 cm 角に，ネギはみじん切りにする。
③ 切ったニンジンは，電子レンジで 1 分ほど加熱しておく。
④ フライパンに，サラダ油大さじ 1 を熱し，①のシカ肉を入れて充分炒め，ベーコン，太ネギ，ニンジンを入れて炒めて，取り出す。
⑤ フライパンに，サラダ油大さじ 1 を熱し，溶き卵を入れ，強火で加熱し半熟状態になったら，冷やご飯を入れてほぐしながら炒める。
⑥ ④の具を加えて，醤油を入れて香りを立てて全体を混ぜ合わせる。仕上げにごま油で香りをつけ，塩，こしょうで味を調えて仕上げる。

チャーハン

炒めもの　モモ肉

キムチ炒め

【材　料（4人分）】

シカ肉（シンタマやスジの少ないモモ）250g
塩，こしょう 各少々　　もやし 1袋
キクラゲ ひとつまみ　　ニンニクの茎 1束
白菜キムチ 250g　　サラダ油 大さじ2

調味料A：清酒 大さじ2，味噌 大さじ1，醤油 大さじ1
清酒または水 大さじ2
塩 小さじ1/3　　こしょう 少々
ごま油 小さじ1

●つくり方

① シカ肉は繊維に直角に包丁をあて5mm厚に切って，5mm角の短冊に切り，塩とこしょうをふる。もやしはできればひげ根を取り，キクラゲはたっぷりの水に10分ほど浸けて戻す。ニンニクの茎は4cm長さに切る。

② ボウルに調味料Aを合わせて溶き混ぜ，味つけ用のタレをつくる。あらかじめ準備しておくと調理がスムーズになる。

③ フライパンにサラダ油大さじ1をひき，中火で熱してシカ肉を炒め，八分通り火が通ったらいったん取り出す。

④ ③で使ったままのフライパンにサラダ油大さじ1を足し，ニンニクの茎，もやし，水気をきったキクラゲの順に加えて炒め合わせる。

⑤ 全体に油が回ったら，火を強めて酒と塩を加える。水分をとばすように上下を返しながら1〜2分炒めて，こしょうをふる。

⑥ ⑤に取り分けておいた肉を戻し入れ，白菜キムチを加えて加熱し，②のタレを回しかける。1分くらい炒めて全体に味をからめ，肉に火が通ったら，仕上げに風味づけのごま油をふって，ひと混ぜして仕上げる。

キムチ炒め

モモ肉 炒めもの

カレー炒めタマネギあえ

【材 料（4人分）】

シカ肉（シンタマやスジの少ないモモ）350g
タマネギ（小）2個
カレー粉 大さじ1と1/2
パセリ（みじん切り）大さじ2
レモン（くし形）適量
塩，清酒 各適量

● つくり方
① シカ肉は，繊維に直角に1cm厚に切り，4～5cm長さの短冊に切る。タマネギは縦半分に切り，芯を除いて縦に薄切りし，冷水に5分間さらし，ざるに上げて水気をきる。
② フライパンは油をひかずに熱し，肉を入れてほぐしながら炒める。肉の色が変わったら火を弱め，脂を出すようにして少しカリカリになるまで焼く。肉から出てきた脂を紙タオルで拭き取る。
③ ②にカレー粉，塩小さじ1，清酒大さじ1をふってからめ，弱火で2～3分間炒める。
④ ボウルにタマネギとパセリを入れ，③を熱いうちに加えて混ぜる。
⑤ 器に盛りレモンを絞りかける。

カレー炒めタマネギあえ

酢あえ　ロース

ロースのカルパッチョ

【材　料（4〜5人分）】

シカ肉（ロース）かたまり 1kg　　塩漬けケイパー（ケッパー）12粒
オリーブオイル 大さじ1　　　　　バター 20g　　塩，こしょう 適量
バルサミコ 大さじ1

● つくり方

① シカ肉は，5×2cm断面の短冊形に切り揃え（写真1），塩，こしょうをし，オリーブオイルで漬け込んで（マリネして）30分おく（写真2）。

② フライパンを熱してバターを溶かし，シカロースを入れて表面を焼き固める（オーブンを使うなら320℃で6分間加熱後，常温においてアルミホイルをかぶせて30分保温したあと⑥へ。ブロックごとの焼きムラができない）。

③ 表面の焼けたシカロースをごく弱火で，バターを肉にかけながら，10分ほど火入れする。

④ 金串を肉の中心に刺して10秒おいて抜き，その部分を下唇にあてて熱さを感じればOK，冷たければ再加熱する。複数の肉を一度に焼くと焼きムラができるので一つずつ加熱する。

⑤ 火を止めた後もフライパンにおき，アルミホイルで肉の上を覆って15分ほど放置する（オーブンの場合はP 29）。

⑥ 切り口がピンク色になっていれば完了，赤ければ加熱不足なので再加熱する。粗熱をとって冷蔵庫で冷やす。

⑦ オリーブオイル，バルサミコ，塩，こしょうを合わせてソースをつくる。

ロースのカルパッチョ

⑧ 冷蔵庫から出したシカ肉を2〜3mm厚で薄くスライスし，盛り付けてケイパーをのせ，⑦のソースをかけて仕上げる。

マリネの方法

1　5×2cmの短冊に切る

2　塩，こしょう，オリーブオイルで30分浸け込む

69　3章　シカ肉ならではの一品

モモ肉　煮もの

ハヤシライス

【材　料（4人分）】

シカ肉（シンタマやスジの少ないモモ）300 g
調味料A：清酒 小さじ2，塩・こしょう 少々，砂糖 小さじ1，小麦粉 大さじ2
デミグラスソース1缶

固形ブイヨン1個
水 大さじ2
赤ワイン150cc
バター 10 g

タマネギ2個
トマト2個
サラダ油 大さじ1

● つくり方

① シカ肉は，繊維に直角に包丁を入れ，5mm厚の輪切りにし，2～3cm角に切り揃え，清酒，塩，こしょう，砂糖をもみ込み，小麦粉をからめる。
② タマネギは，縦半分に切ってから，さらに縦5mm幅に切って，電子レンジで使える耐熱皿に並べる。
水をふりかけてふんわりとラップをかけ，電子レンジで6～7分加熱しておく。
③ トマトは，水洗いして水気を拭き取り，ヘタをくり抜いてザク切りにする。
④ 大きめのフライパンを加熱し，サラダ油をひき，バターを入れ中火で①のシカ肉を炒める。
⑤ シカ肉の色が変わったら，②のタマネギを汁ごと加えてから，赤ワインを注ぎ，強火にして木ベラで混ぜながら炒める。赤ワインを全体にからめるように混ぜること。
⑥ デミグラスソースに，固形ブイヨン，水150ccを加え，煮立ったらトマトを加える。再び煮立ったら，弱火にしてふたをし，40分くらい煮て，トロミが出たところで塩，こしょうして味を調えて仕上げる。

ハヤシライス

煮もの モモ肉

実山椒煮

【材　料（4人分）】

シカ肉（シンタマやスジの少ないモモ）600 g
実山椒 大さじ4～5

調味料Ａ：だし汁（鰹・昆布）200㏄，清酒200㏄，砂糖 大さじ4，醤油 大さじ4

●つくり方

① シカモモ肉は，太いスジを取り除き約1.5㎝角に切る。
② 実山椒は，茎を取り除く。
③ 小鍋にたっぷりの湯（塩少々加える）を沸かし，①のシカ肉を加えて，再沸騰したら，すぐざるにあけて，流水でサッと洗う。
④ 小鍋に調味料Ａと実山椒を加えて煮立てたあと，③のシカ肉を入れてふたをし，弱火で1時間煮る（圧力鍋なら40分）。
⑤ 肉がやわらかくなり，煮汁がほとんどなくなったところで，器に盛り付ける。なお，このまま冷まして冷凍保存もできる。

実山椒煮（写真：赤塚 愛）

モモ肉　煮もの

クスクス

【材　料（4人分）】

クスクス粒 160g
シカ肉（シンタマやスジの少ないモモ） 500g
タマネギ 2個　　　ジャガイモ 2個
ニンジン 1本　　　ズッキーニ 1〜2本
ニンニク 2片　　　完熟トマト 1個
レンズマメ 大4〜8
小麦粉（強力） 少量　白ワイン 100cc
シェリー酒 100cc　バター 20g
オリーブオイル 適量

調味料A：ホールトマト 1缶，コンソメブイヨンの素（または鶏ガラスープの素）大さじ 2，ローリエ 1枚，オールスパイス 大 1，ナツメグ 小 1，タイム 3枝，コリアンダーパウダー 小さじ 1，カイエンヌ・ペッパー（赤トウガラシの粉末）小さじ 1〜適量，インディアンカレーパウダー 小さじ 2，シナモンパウダー 小さじ 2，砂糖 大さじ 4

● つくり方

① タマネギは半分に切り，約 1.5mm厚の薄切りにする。ジャガイモは皮をむいて，乱切りに。ニンジンも乱切りに。完熟トマトは，ヘタを取り，ザク切りにする。ズッキーニは，約 7mm幅の輪切りに。ニンニクは，ザク切りにする。

② シカ肉は，2cm角に切り，塩，こしょうしてから，小麦粉（強力）少量と一緒にポリ袋に入れて，薄くまぶす。

③ 煮込み鍋に，バター，オリーブオイル 大さじ 1，ニンニクを入れ，中火で炒め，香りが出たらタマネギ，ニンジン，塩，こしょうを加えて，さらに弱火で炒める。

④ ③にトマトと調味料Aを加えて，じっくり煮込む。

⑤ フライパンにオリーブオイル大さじ 3 をひき，中火強で加熱して，シカ肉を入れ，全面に焼き色をつけ，焼き色のついたものから④の鍋に入れる。

⑥ フライパンに白ワイン，シェリー酒を入れて，中火にかけながら鍋底をこそげてから④の鍋に加える。

⑦ 具がかぶるくらいの水を④の鍋に加え，弱火で 1時間半〜2時間，シカ肉がやわらかくなるまで煮込む。

⑧ 煮込む間に，ボウルにクスクスを入れ，同量の熱湯を注ぎ，ふやけたらバター，塩，サラダ油を加えて混ぜ，電子レンジに 3分かける。

⑨ 皿に⑧を盛り，⑦を上からかけて仕上げる。

クスクス
（写真：赤塚 愛）

煮もの モモ肉

肉とキャベツのスープ煮

【材　料（4人分）】

シカ肉（シンタマやスジの少ないモモ）300 g
キャベツ 4枚（400 g）
春雨（乾物）50 g
赤トウガラシ（種を抜く）1本
清酒 大さじ3
サラダ油，塩，こしょう，ごま油は各々適量

● つくり方

① シカ肉，キャベツは一口大（2㎝角）に切る。春雨は戻さずに6～7㎝の長さに切る。
② フライパンを火にかけ，サラダ油大さじ1/2をひいて，シカ肉を入れて炒める。
③ シカ肉に火が通り色が変わったら，キャベツ，赤トウガラシを加えて炒め合わせ，清酒をふる。
③ さらに水カップ2を加えて煮立て，春雨も入れて混ぜる。再び煮立ったら，塩小さじ1，こしょう少々で調味し，ふたをして火を弱める。
春雨がやわらかくなるまで8～10分間煮てから，ごま油大さじ1/2をふって調味して仕上げ，器に盛る。

肉とキャベツのスープ煮　（写真：石原　等）

73　3章　シカ肉ならではの一品

スジ煮込み

【材　料（仕上がり 肉400ｇ当たり）】

シカ肉（解体時に出たスジ肉）600ｇ	清酒 大さじ4	みりん 大さじ2
タマネギ 2個　　ネギ 1本	塩 小さじ1	砂糖 大さじ1
ショウガ 1片　　醤油 大さじ4		

● つくり方

① 鍋にたっぷりの湯を沸かし，かたまりのままのスジ肉を表面の色が変わる程度に，サッとゆがく。
② スジ肉を取り出し，ぬるま湯で表面を洗う。湯は捨てる。
③ 洗った肉は，大スプーンなどを用いて，汚れや余分な脂肪分をこそぎ落とす。
④ スジ肉を一口サイズ（2cm長程度）に切る。
⑤ 鍋にたっぷりめの水を入れて火にかけ，ネギとショウガを薄切りにしたもの，④のスジ肉を入れ沸騰させる。
⑥ 火を弱火から中火にして，1時間煮る。なお，圧力鍋なら40分ですむ。
⑦ ショウガとネギを取り出し，清酒を注ぎ（量は好みで調節），一度沸騰させる。
⑧ 火を弱火から中火に戻し，醤油，みりん，砂糖，塩を入れる。
⑨ タマネギを1cmの輪切りにしてほぐして入れ，煮込む。
⑩ 箸でつまんだとき，肉がとろけてちぎれる程度になったら，ふたを開けて空気に触れさせながら3分間煮て，うまみと色つやを出して仕上げる。

スジ煮込み

煮もの　スネ肉　など

トマト煮

【材　料（4人分）】

シカ肉（スネ肉，オオソトなど）500ｇ　　塩 小さじ1/2　　ニンジン 小1本
ニンニク 1片　　　トマト 大3個　　　　こしょう 少々　　ローリエの葉 1枚
タマネギ 1/2個　　セロリ 1/2本　　　　バター 10ｇ

● つくり方

① 前足などのスネ肉やオオソトを，鍋に入るくらいの大きさにカットする。

② 鍋に水を入れて火にかけ，①の肉を入れてひと煮立ちさせたら，アクが出るので，鍋の湯は捨て，肉を取り出し軽く洗う。

③ ニンジン，タマネギ，セロリを適当な大きさに切る。

③ 改めて鍋にたっぷりのお湯を沸かし，②のシカ肉とセロリを入れ，ローリエの葉も入れて，アクや脂をすくい取りながら，ごく弱火で2時間40分煮込む。なお，圧力鍋なら1時間ですむ。

④ ローリエの葉を取り出し，煮込んだ肉を引き上げ，骨をはずして，一口大にカットし，鍋に戻す。

⑤ すりおろしたニンニク，③のニンジン，タマネギ，芯を取ったトマトをまるごとと，塩，こしょうを加え，さらに煮込む。

⑥ 鍋にバターを追加し，塩，こしょうで味を調えて仕上げる。

トマト煮

75　3章　シカ肉ならではの一品

モモ肉　煮もの

ポトフ

【材　料（4人分）】

シカ肉（シンタマやスジの少ないモモ）300ｇ	調味料A：長ネギ（青い部分）5㎝，ショウガ 1片，粗挽きこしょう 適量
ダイコン 1/3本　　ニンジン 1本	
冷凍サトイモ 中4個	
塩，こしょう 適量	
固形スープの素 1個　清酒 大さじ 1	

● つくり方

①シカ肉は，3㎝角に切る。
②鍋に水を入れ，①の肉をひと煮立ちさせる。アクが出て肉についているので肉を取り出して，水で洗い流す。
③新たに鍋に水を張り，②の肉と調味料Aの長ネギ，薄切りしたショウガ，粗挽きこしょうを入れて煮立てる。
煮立ったら火を弱め，さらにアクを取り，適宜水を足しながら，1時間煮る。なお，圧力鍋を使えば40分ですむ。
④肉がやわらかくなったら，ショウガ，長ネギを取り出し，塩，こしょうで味を調える。
⑤ダイコンは，皮をむいて厚めの半月切りにし，ニンジンも皮をむいて厚めの輪切りにする。
⑥④に⑤のダイコン，ニンジンと冷凍サトイモはそのままを入れて煮込み，野菜に火が通ったら，固形スープの素と清酒を加えてひと煮立ちさせ，もう一度塩，こしょうで味を調える。

ポトフ

蒸しもの　モモ挽肉

シカ肉まん

【材　料（8個分）】

シカ肉（オオソト以外のモモ）300 g
長ネギ 1本　　　ゆでタケノコ 50 g
調味料A：ショウガ汁 1/2片分，清酒 大さじ 1，醤油 大さじ 2，オイスターソース 大さじ 1/2

まんじゅう皮の材料B：グラニュー糖 大さじ 1，ドライイースト 小さじ 1，塩 ひとつまみ
サラダ油 大さじ 1　　小麦粉（薄力）200 g
ぬるま湯 110cc　　ごま油 大さじ 1/2

●つくり方

①ボウルに小麦粉（薄力）を入れ，ドライイースト，グラニュー糖，塩を加え，菜箸で混ぜ合わせる。人肌のぬるま湯 110ccを 3～4回に分けて加え，そのつど菜箸で混ぜる。

②生地がある程度まとまったら，手でこねる。乾いた粉が完全になくなったらサラダ油を加え，油が生地に完全になじんだところで，丸めてまな板に置き，手のひらで押し出すようにこねる。

③しっとりと赤ちゃんの肌のようになったら，丸く形を整え，固く絞ったぬれ布巾をかけ，1時間くらい室温で一次発酵させる。

④シカ肉は，フードカッターなどでミンチにする。

⑤長ネギ，ゆでタケノコはみじん切りにする。

⑥ボウルに④のミンチ，長ネギ，タケノコを入れ，調味料Aを入れて，ほぐす程度に混ぜ合わせ，ごま油を入れて軽く混ぜて具にする。

⑦③の生地を 8等分して⑥の具を包み，室温で 20～30分そのまま置いておく。これで 2次発酵が完了する。

⑦蒸し器にたっぷりの湯を沸かして，強火で 20分蒸して仕上げる。

シカ肉まん（提供：垣内忠正）

タン（舌） 蒸しもの

タンの茶碗蒸し

【材　料（2人分）】

シカタン（舌）1本
卵汁（だし100cc，卵1個，薄口醤油 小さじ1/2，みりん 小さじ1/2）
コンソメスープ 適量
銀あん* 適量（八方だし* 適量，片栗粉 適量，水 適量）
ミツバ 2枚

＊銀あんとは，だし汁に調味料で味をつけ片栗粉でとろみをつけたあん。
＊八方だしとは，だし汁をひと煮立ちさせ，醤油とみりんで調味したもの。
　配合は，だし 240cc，薄口醤油 大さじ2（30cc），みりん 大さじ2（30cc）。

● つくり方

① シカのタンは，中火で1時間下ゆでし，表面の皮を手で剥ぐ（写真1，2）。
② 下ゆでしたシカタンの根元の部分を切り分け（全体の1/4ほど），さらに4等分してから，コンソメスープに入れ，中火で1時間煮る（圧力鍋なら20分）。
③ 卵汁の材料を混ぜ合わせ卵汁をつくっておく。
④ 茶碗に②のシカタンを入れ，③の卵汁を流し入れ，上にミツバをのせてふたをする。
⑤ ④の茶碗を蒸気が出ている蒸し器に入れて12分間蒸す。
⑥ 蒸している間に，八方だしを煮立てて火を止め，60℃に冷ましてから水溶き片栗粉を加え，銀あんをつくる。

タンの茶碗蒸し

⑦ 蒸し上がった茶碗蒸しにスライスしたタンを1枚飾り，銀あんをかけて仕上げる。

タンの下処理

1　中火で1時間下ゆでする
2　ゆでた後，表面の固い皮を手で剥ぎ取る

焼きもの　ロース

ロースのポワレ ブルーベリーソース

【材　料（4人分）】

シカ肉（ロース）150～160ｇ
ナツメグ 少々　　バター 適量
グリエールチーズ 適量
フルール・ド・セル（大粒の天日塩）適量
赤ワインビネガー 少々
こしょう 適量　　エシャロット 1個
洋ナシ 1/4個　　ブルーベリー 8個
砂糖 少々　　　　赤ワイン 200cc

ジャガイモ（メークイン）1/2個
フォン・ド・ヴォー（仔牛の骨と肉からとっただし汁）100cc
ニンニク 少々　　生クリーム 100cc
黒粒こしょう ひとつまみ
食塩 少々　　　　牛乳 100cc

ロースのブルーベリーソース（ポワレ）
（写真：倉持正実）

● つくり方

① シカ肉は，フルール・ド・セル（大粒の天日塩），こしょうで味をつける。
② フライパンを火にかけ，サラダ油をひいて①のシカ肉を焼き，表面に色をつけたあと，バターを入れ，弱火で溶けたバターを肉にかける作業をしばらく続ける（オーブンの場合はP 29参照）。
③ 金串を肉の中心に刺して10秒おいて抜き，その部分を下唇にあてて熱さを感じればOK，冷たければ再加熱する。
④ フライパンから肉を引き上げて，オーブンに入れ2～3分加熱したあと，別の皿に移し，アルミホイルをかぶせ，5分ほど温かい場所で休ませる。
⑤ 洋ナシは，皮をむき，砂糖をからませてから，フライパンに入れて，砂糖があめ色になるまで加熱する（フランス料理では「キャラメリゼ」と言う）。
⑥ 鍋にバターを入れて加熱し，ニンニク，皮をむき適当な大きさに切ったメークインを加えて炒める。
ニンニクとメークインの表面が透き通ったら，粗くつぶして塩，こしょう，ナツメグ，牛乳，生クリームを入れて煮立てて，火を通す。
⑦ ④のシカ肉を別皿に移し，グリエールチーズをふり，オーブンでチーズに焼き色をつける。
⑧ フライパンを火にかけ，薄くスライスしたエシャロットをバターでしんなりとするまで炒め（ソテーし）てから，赤ワインビネガー，こしょうと赤ワイン200ccを入れて，1/10の量まで煮つめる。
⑨ ⑧のフライパンに，フォン・ド・ヴォーを入れ，さらに2/3まで煮つめ，塩で味を調え，バターでコクを出す。
⑩ 最後にブルーベリーを入れ，ソースにする。
⑪ ⑦のシカ肉に⑥のメークインを付け合わせ，⑩のブルーベリーソースを添えて仕上げる。

くず肉，シカレバー，背肉 **焼きもの**

シカ肉のテリーヌ

【材　料（4人分）】

シカ肉（オオソトやくず肉）400 g
シカレバー（肝臓）100 g
豚の背脂 70 g　　トリュフ 1 個
付け合わせ野菜

調味料A：塩・こしょう 適量，赤ワイン 大さじ1，マディラ酒（ポルトガルの酒精強化ワイン：エタノール添加でアルコール度を上げたもの）大さじ1

●つくり方

①シカ肉，シカレバー，背脂は，フードプロセッサなどでミンチにする。気になるスジは取り除く。ミンチして時間をおくと，においが悪くなるのですぐに調理する。
②トリュフは薄くスライスする。
③①に調味料Aを入れて，さらに混ぜ合わせる。
④テリーヌ型（なければ深い鉢など）に，②のトリュフを敷き詰め，③で調味したミンチ肉を入れ，しっかり詰めて空気を抜く。
⑤オーブンを110℃で予熱する。
⑥バットに水を張り，その中に④を入れて，オーブンに入れ，湯煎で1時間30分加熱する。
⑦オーブンから出し，粗熱をとってから，冷蔵庫で一晩落ち着かせる。
⑧固まったら，1cm厚に切り，皿に付け合わせ野菜とともに盛り付ける。

食べ方●フランスパンや食パンにのせてもおいしく食べられる。

シカ肉のテリーヌ

焼きもの　バラ骨付き肉

スペアリブのオーブン焼き

【材　料（4人分）】

シカ肉（スペアリブ：バラ骨付き肉）1kg
ショウガ 1かけ　　　醤油 120cc
みりん 大さじ2　　　砂糖 小さじ2
こしょう 少量
タラゴン（またはタイムなど好みのスパイス）小さじ1
サラダ油 少量　　　クレソン 適量

● つくり方

① ショウガはみじん切りにしてバットに入れ，醤油，みりん，砂糖，タラゴン，こしょうを加えてよく混ぜ合わせる。
② スペアリブを①の漬け汁に入れ，時々上下を返しながら一晩漬け込む。
③ 天板にアルミ箔を敷いて油を薄く塗る。肉をのせ，190℃のオーブンに入れて20分焼く。途中で2〜3回漬け汁をハケ※で肉の表面に塗りながら焼き上げる。
④ 焼き上がったら皿に移し，クレソンを添える。

※ハケがなければスプーンで漬け汁をかけてもよい

スペアリブのオーブン焼き

ロース　**焼きもの**

ロース肉と生ハムのロースト
―ハーブとピンクペッパーソース―

【材　料（4人分）】

塩，こしょう 各適量
シカ肉（ロース）1.5cm 厚×4枚
ローズマリー 2本　生ハム 8枚
ピンクペッパー 適量

調味料A：エクストラ・ヴァージン（EV）オリーブオイル 大2，白ワイン 100cc，バター 10g

● つくり方

①オーブンを180℃に予熱する。
②ローズマリーは葉をちぎり，みじん切りにする
③シカロース肉を半分に切り，塩，こしょうして，そのまま10分間休ませる。
④③のロース肉に②のローズマリーをのせて生ハムを巻き，巻き終わるところを爪楊枝でとめる。
⑤耐熱皿に④の生ハムを巻いた肉を並べ，上から調味料Aをふりかけ，180℃のオーブンで15分焼く。
⑥焼き上がったら，爪楊枝をはずし，ピンクペッパーをふりかける。

ロース肉と生ハムのロースト（写真：赤塚 愛）

焼きもの　モモ肉

シカ肉バーガー

【材　料（4人分・4個）】

シカ肉（オオスト以外のモモ）250ｇ
タマネギ 1/4 個　　サラダ油 大さじ 2
パン粉 1/4 カップ　　牛乳 大さじ 2
バンズ（バーガー用のパン）4 個
バター 適量　　　　鶏卵 1 個
食塩 小さじ 1/3　　黒こしょう 適量
ナツメグ 適量
オールスパイス 小さじ 1
レタス葉 4 枚
デミグラスソース 適量

●つくり方

①タマネギを細かいみじん切りにする。

②フライパンにサラダ油大さじ 1 を入れて①のタマネギを透き通るまで 6～7 分炒め，冷ましておく。

③パン粉は牛乳を混ぜて湿らせておく。

④シカ肉は，フードカッターでミンチ状にする。ミンチして時間をおくとにおいがきつくなるのですぐに調理する。

⑤ボウルにミンチ肉，②の炒めタマネギ，③の牛乳を加えたパン粉，卵，塩，黒こしょう，ナツメグ，オールスパイスを入れ，手で握りつぶしたり，指先で混ぜたりして，"ひとまとまり"になるまでよくこねる。

⑦手にサラダ油をつけて，半分の量を取り，両手でキャッチボールするように空気を抜き，分割してバンズの大きさに合わせ，厚さは 5～7 ㎜にして形を整える。

⑧フライパンを火にかけ，成形したミンチ肉を中火で加熱する。最初はくずれやすいので 3～4 分かけてていねいに焼く。

⑨両面が焼けたら，ふたをしてやや弱火でさらに 3～5 分焼く。

⑩バンズにバターを塗って，レタスを敷いておく。

⑪⑨を温めたデミグラスソースにくぐらせレタスの上にのせ，バンズではさんで仕上げる。デミグラスソースは多めに使うこと。

シカ肉バーガー

モモ肉　加工品

シカ肉の生ハム

【材　料（仕上がり300ｇの場合）】

シカ肉（シンタマやスジの少ないモモ）500ｇ
調味液Ａ：水150㏄，塩50ｇ，黒砂糖10ｇ，醤油10ｇ
赤ワイン100㏄
タマネギ 1/4個
食酢 大さじ1
黒こしょう 少々
燻製用チップ（桜など）適量
ブランデー 大さじ3
ニンジン 1/4本
ローズマリー 1枝
オリーブオイル 適量

● つくり方

① 調味液Ａを，よく混ぜ，ひと煮立ちさせて，中火で10分程度アクを取りつつ煮て，冷ましておく。
② シカ肉は，ブロックのまま水洗いしてペーパータオルで水気を取り，フォークなどで全体に穴を開け塩（分量外）をもみ込む。
③ シカ肉は，型くずれないように2㎝幅にタコ糸で縛り縦糸を通しておく。
④ 縛ったシカ肉をビニール袋に入れ，冷蔵庫で1日ねかす。
⑤ ボウルに①の調味液Ａと赤ワイン，ブランデー，食酢，黒こしょうを混ぜ合わせ，薄切りしたタマネギ，ニンジンとローズマリーを入れる。
⑥ 密閉できるビニール袋にシカ肉と⑤の液を入れて密閉し，3～7日間冷蔵庫で漬け込む。
⑦ シカ肉だけをボウルに取り出し，3～6時間流水をかけ流して塩抜きする（塩加減は表面の一部を焼いて試食し，調整。Ｐ35参照）。
⑧ 塩抜きしたシカ肉は，ペーパータオルで水気を取り風乾する。
⑨ 燻煙の直前にオリーブオイルを塗り，リンゴなどの燻煙材チップを使い，70℃で，20～30分燻煙する。
⑩ そのまま火を消して乾燥，さらに⑨のスモークを繰り返す。フレッシュ（1～3回のスモーク，生に近い），セミドライ（3～5回のスモーク），ドライ（6回以上のスモーク，固いもの）まで回数により調整する。燻煙後は半日～1日室内で乾燥させる。
⑪ 2㎜厚に切って盛り付ける。

シカ肉生ハム

加工品　前足肉，モモ肉

シカ肉ソーセージ

【材料とその配合】

シカの前足肉，モモなどのシカ肉 100 に対して，豚脂 100，塩 2，ナツメグ 0.1，塩漬剤（エポナＮ－100）2，粗挽き粒こしょう 2，ガーリックパウダー 0.1，ソーセージスパイス適量

羊の腸 5 m，燻製用チップ（桜など）

● つくり方

① 肉を 3 cm 角にカットして調味料をまぶし，チョッパーで挽肉にする。
さらにカッター裁断と練りを加え，スタッファー（腸詰め器）で羊の腸に詰める。

② 完成した腸詰めは，70℃で 30 分間乾燥する。
③ さらに 70℃で 1 時間燻煙。
④ 85℃で 45 分間ボイルし，最後に冷水にさらし冷却して仕上げる。

シカ肉ソーセージ

85　3章　シカ肉ならではの一品

モモ肉ほか　**加工品**

シカ肉ジャーキー

【材　料（製品200ｇ）】

シカ肉（オオソト以外のモモや腹部まわりにある薄い肉）400ｇ
燻製用チップ 適量〈リンゴ・桜・ヒッコリーなど〉

調味液（醤油 1カップ，ブラックペッパー少々，ニンニク 1片，赤ワイン 1/2カップ）

●つくり方
① シカ肉は，繊維にそって2cm幅に切り，肉叩きなどで均一に7mmの厚さに延ばす。または，お腹まわりの薄い肉でもよい。この場合も同様に7mm厚に延ばす。
　厚みにばらつきがあると，仕上がりもばらつくので均一の厚みにし，薄い部分は除く。
② 醤油，赤ワイン，ニンニク（スライス），ブラックペッパーを合わせた調味液に一晩漬ける。
③ 調味液に漬けたシカ肉にペーパータオルをはさみ，一晩置いたら交換する。夏場は冷蔵庫で保管する。この段階で，すでにかなり水分が抜けた状態になっている。
④ シカ肉を1枚ずつS字フックに刺して，スモーカーに吊るす。
⑤ スモークチップに火をつけ70℃で約2時間スモークをかけて，肉が固くなれば，仕上がりとする。
⑥ 繊維に直角に包丁を入れ，1cm幅に切り揃えて盛り付ける（P 35参照）。

シカ肉ジャーキー

4章

内臓レシピ

シカレバーハンバーグ

レバー

【材料（4人分）】
シカレバー 500 g　卵黄 2 個分
タマネギ 1/2 個
塩 小さじ 1　　　こしょう 適量
白ごま 小さじ 3　ごま油 適量
おろしニンニク 小さじ 1
小麦粉（強力）大さじ 2
醤油 大さじ 1　　赤ワイン 大さじ 2
ウスターソース 大さじ 2
ケチャップ 大さじ 2

レバーハンバーグ

【つくり方】
①シカレバーは，熱湯に 1 分ほど浸けて流水に取り，湯霜（表面だけに熱を通して霜降りにする調理法）にする。

②シカレバーの表面の薄皮を剥いで，薄く切り，細かなスジを取り除く。
フードプロセッサなどでペースト状にする。

③ボウルに移して卵黄を入れ，混ぜ合わせる。
次にみじん切りしたタマネギと，塩，こしょう，白ごまに，ごま油を入れて混ぜ，さらにおろしニンニクを入れて混ぜ合わせる。
最後に小麦粉，醤油を入れて混ぜ，適度な粘り気を出す。

④フライパンにごま油をひき，③を大きめのスプーンですくってのせる。
弱火でじっくり加熱し，火が通ったら裏返して両面を焼く。

⑤焼いたフライパンの油を捨て，そこに赤ワイン，ウスターソース，ケチャップを加えてソースをつくり，皿に盛ったハンバーグにかける。
好みの付け合せを添える。

【調理の勘どころ】
うまく固まらない場合は，パン粉を適量混ぜて 5 分おいてから焼くとバラけずに仕上げられる。

レバーの燻製

レバー

【材　料（4人分）】
ソミュール液（漬け汁）
シカレバー（肝臓）1個 1.5kg
燻製用チップ（桜など）適量
塩 適量　　　　　三温糖 100g
ニンニク2片
ソミュール液材料A：水 5000cc, 塩 1kg, 黒粒こしょう 10粒, ローリエ 3枚, ネズの実（ジュニエーヴル）5粒, クローブ 3粒, セージ 小さじ1/2, ローズマリー 大さじ1, タイム 大さじ1
＊レバーでなくマメ（腎臓）でもよい。

レバーの燻製

【つくり方】
①ソミュール液の材料Aを鍋に入れ沸騰させる。5分ほど煮立たせながらアクをていねいに取り除く。できたものは冷ましておく。
②レバーは、スジを取り除き、5cm厚程度に切り揃え、流水で血を洗い流しておく。
　マメは、薄皮を取り除く。
③②をフォークなどで全体に穴を開け、塩（分量外）を手のひらでもみ込み、1時間おく。
④③のレバーを①のソミュール液とともにビニール袋に入れて冷蔵庫で2日ねかす。
⑤漬け込んだ④のレバーは流水で半日塩抜きをする。
⑥塩抜きが終わったレバーは、表面の水分をよく拭き2～3日、冷蔵庫で乾

レバーは5cm厚程度に切り揃える

燥させる（表面が黒くしかもかなり固くなって水分も少ない状態。充分に乾燥しないと、燻製の中身がバラバラになる）。
⑦スモーカー（チップは桜など）を180～190℃にし、1時間燻煙する。
⑧竹串で刺して肉汁が透明になっていれば燻煙が終了（P35参照）。
⑨ラップをして冷蔵庫で2～3日間熟成させる。
⑩2mm厚に切って盛り付けて仕上げる。

ハツ（心臓）の燻製

【材 料（製品900 g）】
ソミュール液（漬け汁）
シカハツ（心臓）1.5kg
燻製用チップ（桜など）適量
塩 適量　　　　三温糖 100 g
ニンニク 2 片
ソミュール液材料A：水 5000cc，塩 1 kg，黒粒こしょう 30 粒，ローリエ 3 枚，ネズの実（ジュニエーヴル）30 粒，クローブ 3 粒，セージ 小さじ 1/2，ローズマリー 大さじ 1，タイム 大さじ 1

心臓（ハツ）の燻製（写真：辻村耕司）

【つくり方】
①ソミュール液の材料Aを鍋に入れ沸騰させる。5 分ほど煮立たせながらアクをていねいに取り除く。できたら冷ましておく。
②新鮮なハツ（心臓）を，中心まで切れ目を入れて，流水で血を洗い流しておく。
③内側にあるスジや口部分のヒダは取り除く。
④②をフォークなどで全体に穴を開け，塩（分量外）を手のひらでもみ込み，1 時間おく。
⑤③の心臓を①のソミュール液とともにビニール袋に入れて冷蔵庫で 1 日ねかす。
⑥漬け込んだ④の心臓は，流水で半日塩抜きをする。
⑦塩抜きが終わった心臓は，表面の水分をよく拭き 2 〜 3 時間，冷蔵庫で乾燥させる。
⑧スモーカー（チップは桜など）を 180 〜 190℃で 45 分燻煙する。
⑨竹串で刺して肉汁が透明になっていれば燻煙が終了。
⑩ラップをして冷蔵庫で 2 日間熟成させ，2mm厚に切って盛り付けて仕上げる。

ハツ（心臓）の下処理

心臓部分のスジの取り方を以下に示す。

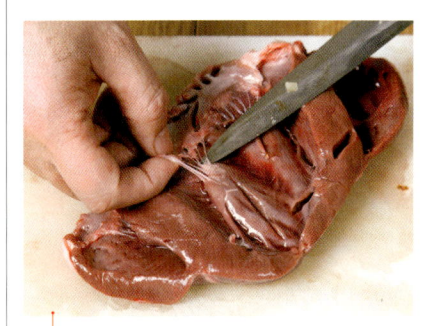

4 糸状のスジを取る

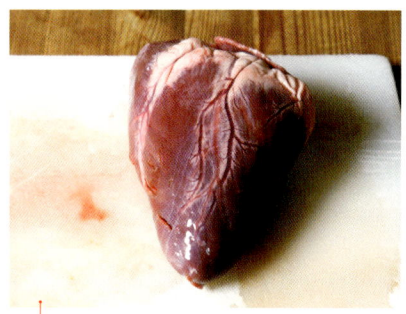

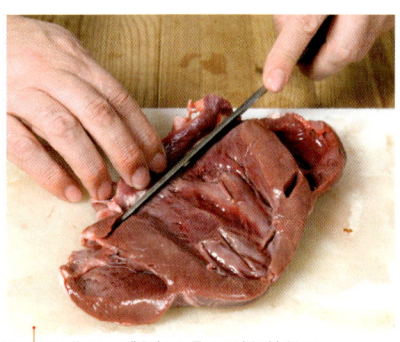

1 取り出した心臓

5 心臓のヒダを切り取り形を整える

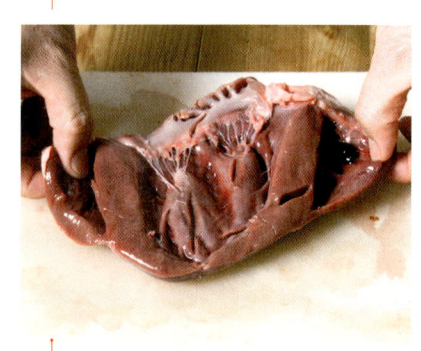

2 真ん中から左右に開く。糸状に見えるのがスジ

6 ヒダ，スジを取り除いた心臓。下処理完了

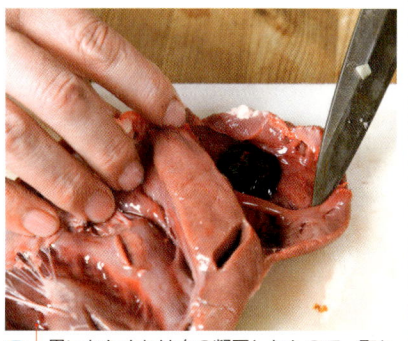

3 黒いかたまりは血の凝固したもので，取り除く。止め刺しがうまくなかったといえる

ハチノス（第二胃）のミネストローネ（野菜スープ）

【材料（4人分）】
ハチノス（第二胃）2個
タマネギ 1個　　ニンジン 1本
セロリ 1本　　　ジャガイモ 小2個
ナス 1本　　　　クミン 小さじ1
コリアンダー 小さじ1
オリーブオイル 適量
塩 適量

【つくり方】
① 下処理をしたハチノスを1cm角くらいに切る（P93参照）。
② タマネギ，ニンジン，セロリをハチノスと同じくらいの大きさに切る。
③ ジャガイモ，ナスも同じくらいの大きさに切る。
④ ナスを180℃のオリーブオイルでサッと揚げておく。
⑤ 鍋にタマネギ，ニンジン，セロリ，ハチノスを入れ，ひたひたになるまで水を加える。
⑥ コリアンダー，クミンを入れ，約2時間煮る。
⑦ ジャガイモを加え，ジャガイモがやわらかくなったら④のナスを加える。
⑧ 塩で味を調える。皿に盛り，ソース・ピストゥをかける。

第二胃（ハチノス）のミネストローネ（野菜スープ）。シカハチノスを使ったもの

【調理の勘どころ】
・ジャガイモが煮くずれてスープが濁らないように，スープへは最後のほうに加える。

【ソース・ピストゥ】
　ミキサーにバジルとエクストラ・ヴァージン・オリーブオイルを1対1の割合で入れて回す。
　塩で味を調える。

ハチノス（第二胃）の下処理

ハチノスの下処理の仕方について示す。
①ハチノスの表面に塩をふり，包丁の背でしごきながら汚れを取り除く。流水を当てながらタワシでこすってもよい。
②黒い汚れの付いたスジを包丁で切り取る。
③水からゆで，2回ゆでこぼす。

4 水から入れて加熱し，沸騰したら，湯を捨てて再度，水からゆでこぼす

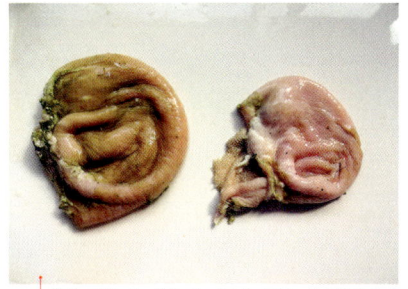

1 取り出した「ハチノス」（左）と表面の皮を手で裂いた状態

5 下処理を終わったハチノス（外見）

2 表面に塩をふった状態

6 5を裏返すと，内側は「ハチノス」状

3 包丁（またはスプーン）で表面の脂肪や汚れをそぎ落とす

93　4章　内臓レシピ

モツ炒め（グラ・ドゥーブル）

ハチノス（第二胃）

【材　料（4人分）】
ハチノス（第二胃）2個
タマネギ 1/2個　　ニンジン 1/4本
バター 5g　　　　白ワイン 20cc
塩 適量　　　　　こしょう 適量
レモン汁 適量
パセリ（みじん切り）適量

【つくり方】
① 下処理したハチノスを1cm幅の帯状に切り，2cmの長さに切り揃える（P92参照）。
② フライパンを火にかけ，バターを入れて溶かし，タマネギをみじん切りにし，バターの中で汗をかかせるように弱火でゆっくり30分くらい炒める（フランス料理では「スュエ」と言う）。
③ ハチノスを加えてソテーし，白ワインを加える。
④ タマネギがハチノスにからまり，白ワインが煮つまったら塩，こしょうで味を調える。
⑤ 仕上げにレモン汁を加える。パセリをふる。

【調理の勘どころ】
・ハチノスをゆで過ぎない。
・コクをつけるため，タマネギをきちっと炒める。
・ハチノスの下処理については，P92の第二胃のミネストローネを参照のこと。

内臓煮込み（ファジョイアーダ）

ハチノス，大腸

【材　料（4人分）】
ハチノス（第二胃）2個　大腸2本
材料A：ニンニク（皮付きのまま丸）4片，セロリ（適宜に切る）2本，生ハム（端の細切り）適量，タイム2枚，プチトマト（ヘタを取る）6個，ローリエ2枚，カイエンヌ・ペッパー適量，粗めの岩塩 大さじ1，塩適量，ココ豆（小さい白いんげん豆。一晩水に浸けて戻す）200ｇ，レッドビーンズ（一晩水に浸けて戻す）200ｇ，キドニービーンズ（一晩水に浸けて戻す）200ｇ
材料B：セロリ（葉）1本，ニンジン（適宜に切る）2本，ニンニク（皮付きのまま丸）2片，タマネギ（皮付きのまま丸）4個，塩 適量

内臓煮込み（ファジョイアーダ）。ハチノス，大腸を使ったもの（写真：石原 等）

【つくり方】
① 鍋に下処理したハチノス，大腸とAを入れ，かぶるくらいの水を加えて1時間くらい煮る。
② ココ豆，レッドビーンズ，キドニービーンズを別々の鍋に入れ，それぞれ材料Bを加え，水をひたひたになるまで加える。
③ 豆をそれぞれやわらかくなるまで煮込む。
④ ①を取り出し，それぞれを一口大よりも少し大きめに切る。ぬめりは包丁でこそげ取る。
⑤ 煮た豆と④で切った内臓類を合わせ，①の煮汁を適量加える。生ハム，プチトマトを加えて混ぜ合わせる。

塩で味を調え，カイエンヌ・ペッパーをかける。

【調理の勘どころ】
・内臓を具として感じられるように大きめにカットする。
・大腸を香味野菜とともに煮込んだ汁はだしとして使える。

大腸の下処理

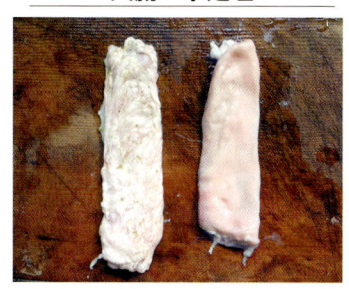

左は取り出したままの大腸。その表面の脂質を包丁で削ぎ落とし，ハチノス同様これを裏返して2回ゆでこぼす

アキレス腱（ケン）の煮込み

アキレス腱

【材　料（2人分）】
アキレス腱 2本　　タマネギ 1個
小麦粉（薄力）適量　ニンニク 2片
塩，こしょう 適量　ニンジン 1本
サラダ油 大さじ2
トマトペースト 大さじ2
バター 30g　　　クミン 少量
アリッサ（トウガラシペースト）適量

【つくり方】
①タマネギ，ニンニクをみじん切りにする。ニンジンの皮をむいて縦半分に切っておく。
②アキレス腱に塩，こしょうする。
③②に小麦粉（薄力）をつけ，サラダ油で表面に焼き色をつけておく。
④鍋を熱してバターを入れ，ニンニク，タマネギを弱火で炒める。
⑤④にトマトペーストを加える。
⑥⑤にクミンと①のニンジンを加え，水をひたひたになるまで加える。
⑦沸騰したら③を加える。

アキレス腱の煮込み（写真：石原　等）

⑧ふたをし，180～200℃のオーブンに入れて2時間煮込む。
アリッサを添えて供する。

【調理の勘どころ】
・アキレス腱の質によって煮込み時間は異なる。
・別皿に入れたクスクスを添えても，クスクスのソースとして一皿に盛り付けて提供してもよい
・時間がたつと固くなるのですぐに食べる。

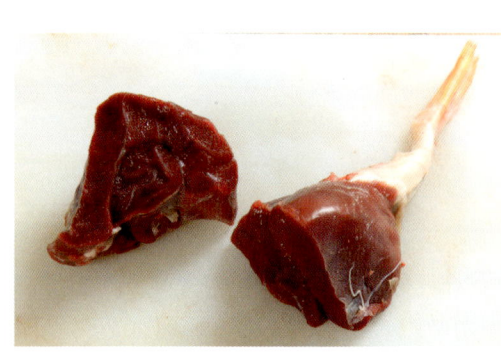

シカのアキレス腱
右の白い根のような部分がアキレス腱で，オオソトに続く先端部
オオソトは，写真左の断面からもわかるようにスジが多い

ハツ（心臓）ロースト

心臓

【材　料（1～2人分）】
シカ心臓 1個（下処理済み）
岩塩 適量
サラダ油 適量　　マニゲット 適量
塩，こしょう 適量
ジャガイモのピューレ

【つくり方】
① 心臓は切り開き，弁や内側の白いビラビラのスジを取り，塩，こしょうをする。
② フライパンを熱してサラダ油をひき，心臓の表面をサッと焼く。
③ 200℃のオーブンに入れ，4～5分間ローストする。
④ 温かい場所に置き，休ませる。1.5cm厚に切る。
⑤ 皿にソースを敷き，ジャガイモのピューレをのせる。

心臓ロースト（写真：石原　等）

⑥ 心臓のローストを並べる。岩塩，マニゲットをふる。

【調理の勘どころ】
・加熱し過ぎないようにオーブンから早めに取り出し，ローストの時間と同じくらい温かい場所で休ませる。

ソース

【材　料】
エシャロット（みじん切り）1個
バター 適量　　赤ワイン 100cc
グラス・ド・ヴィアンド（肉汁を煮つめて濃縮したもの）200cc
グリーンペッパー（水煮）
トマトのレデュクション（P98参照）大さじ2
生クリーム 少量　　塩，こしょう 適量

【つくり方】
① フライパンを熱してバターをひき，エシャロットを炒める。
② 赤ワインを加えて煮つめる。
③ グラス・ド・ヴィアンドを加えて，さらに煮つめる。
④ グリーンペッパーとトマトのレデュクションを加える。
⑤ 少し煮て，生クリームを加える。
⑥ 塩，こしょうで味を調える。

トマトのレデュクション

*レデュクション：ソースなどを煮つめたもの

【材　料】
トマト（粗切り）8〜10個
ニンニク（みじん切り）3片
タマネギ（みじん切り）1個
オリーブオイル 適量　塩 適量

【つくり方】
①鍋にオリーブオイルを引いてニンニクを炒め，タマネギを加えてさらに炒める。
②トマトを加えてさらに炒め，ふたをする。
③弱火で煮つめ，塩で味を調える。

ジャガイモのピューレ

【材　料】
ジャガイモ（メークイン）10〜15個
バター 100 g　　牛乳 適量
クリーム 少量
ブルーチーズ（角切り）適量
塩・こしょう 適量

【つくり方】
①ジャガイモの皮をむき，乱切りにする。水からゆでる。
②やわらかくなったらつぶし，裏ごしする。
③鍋に移し，つぶしながら煎る。
④バター，塩，牛乳，生クリーム，ブルーチーズを加えて混ぜ合わせる。
⑤こしょうをふる。

シカハツ（心臓）のしぐれ煮

心臓

【材　料（4人分）】
シカ心臓 300 g（下処理済み）
醤油 大さじ 6　　清酒 大さじ 2
ショウガ 1/2片　みりん 大さじ 2

【つくり方】
①シカ心臓は 2cm厚の輪切りにする。
②鍋にお湯を張り，火を弱火〜中火にして，1時間程度煮る（圧力鍋なら 40分）。
③肉を引き上げ，一口サイズに切る（1 cm角）。
④別の鍋で⑤を入れて醤油，みりん，清酒を入れ，汁気がなくなるまで混ぜながら煮つめて仕上げる。

心臓のしぐれ煮

98

ハツ（心臓）のソーセージ仕立て

心臓
ハチノス
網脂

【材　料（1人分）】
豚バラ肉 80g　　ルッコラ 3〜4枚
シカ心臓（下処理済み）35g
塩 適量
ハチノス（第二胃）35g
こしょう 適量　　網脂 適量

網脂の下処理
網脂は水に浸し、血や汚れなどを取り除いておく。

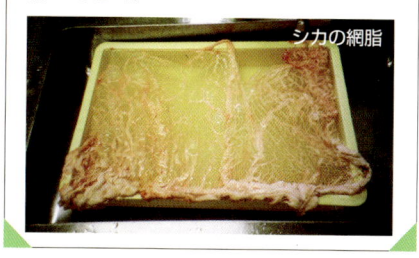

シカの網脂

【つくり方】
① 下処理したハチノスを細切りにする。心臓も同じくらいの大きさに切っておく。
② 皿の上に心臓とハチノスをまとめ、太いソーセージのように細長く形づくる。
③ 2枚のラップフィルムに豚バラ肉をはさみ、叩いて均一に伸ばす。
④ ラップフィルムの1枚を剥がし、豚バラ肉の表面に塩、こしょうする。
⑤ ②で形づくった心臓とハチノスをバラ肉のスジに対して直角にのせる。
⑥ 心臓とハチノスを芯にしてくるくるとラップフィルムで包むように巻き、両端をねじって止める。
⑦ 一昼夜冷蔵庫に入れて締める。
⑧ 網脂を⑦が包み込める大きさに広げ、塩、こしょうする。
⑨ ラップをはずして⑦を置き、それを芯にして網脂の両端を内側にたたみながら巻き付ける。
⑩ 網脂が重なって厚くなっているところを切る。
⑪ フライパンにオリーブオイルをひき、温まったら⑩を入れ、全体に焼き色をつける。
⑫ 220℃のオーブンに入れ、1面ずつ1分半、合計6分間火を入れる。火を止め、1分半そのままオーブンに入れておく。
⑬ 皿に⑫キノコとサヤインゲンのソテーを盛り付け、ルッコラを飾る。ソースをかける。
　別皿でドフィノワーズ（ジャガイモのグラタン）を添える。

【調理の勘どころ】
・焼いている途中で形がくずれないようにぴっちりと巻く。
・全体に焼き色をムラなくつける。
・網脂包みを焼くとき、油がはじけないように熱くし過ぎない。

ハツ（心臓）のソテー

心臓

【材　料（4人分）】
シカ心臓 1個（下処理済み）
オリーブオイル 適量
ニンニク（すりおろし）1片
岩塩 適量　　　　タイム 2 g
こしょう 適量
材料A：ローズマリー 2 g，エクストラ・ヴァージン・オリーブオイル 適量，セージ 2 g，オレガノ 2 g，マジョラム 2 g

【つくり方】

①ビニール袋に材料Aと心臓を入れて空気を抜く。
②冷蔵庫に入れて6時間マリネする。
③ビニール袋から出す。
④猟師が血を抜いた痕があるので，そこからナイフを入れる。
⑤裂くようにていねいに切り開いていく。
⑥血管や白いヒダ状・スジが出てくるので，それを取りはずす。
⑦1cm厚くらいに切る。
⑧オリーブオイルでソテーする。岩塩をかける。
⑨皿に盛り付け，こしょうをふる。ガルニチュール（生クリームと合わせたモッツァレラ）を添え，その上にもこしょうをふり，エクストラ・ヴァージン・オリーブオイルをかける。

【調理の勘どころ】

・血が古くなると嫌な臭みが出るので，新鮮なものを利用する。
・ハーブはすべてフレッシュを使用する。
・こしょうはソテーによって焦げるので，最後にふる。
・マリネは真空にしない。真空にしないでマリネすることで野生の荒々しさが保てる。
・ガルニチュールはモッツァレラを同量の生クリームと合わせてつくる。

アッシ・パルマンティエ
（マッシュポテトと挽肉のグラタン風）

レバー
心臓

【材　料（5人分）】
シカレバー 200 g
シカ心臓 200 g（下処理済み）
ジャガイモ 2 個　　生クリーム 50cc
タマネギ（みじん切り）1/2 個
バター 20 g
オリーブオイル 適量
グリュイエールチーズ 適量
ニンニク（みじん切り）小さじ 1
パン粉 適量
ホールトマト（裏漉ししておく）200 g
塩，こしょう 適量
タイム 1 枚　　　　ローリエ 1 枚

アッシ・パルマンティエ（マッシュポテトと挽肉のグラタン風）（写真：石原　等）

【つくり方】
①ジャガイモは皮をむいて適宜に切り，塩ゆでする。
②やわらかくなったら水気をきってマッシュにし，生クリーム，バターを加えて混ぜ合わせる。塩，こしょうで味を調える。
③レバーを 5mm 角に切る。心臓は 5mm 角に切る。
④鍋を熱してオリーブオイルを入れ，タマネギを透き通るまで炒める。
⑤ニンニクを入れ，さらに炒める。
⑥レバー，心臓を入れて炒め，全体に焼き色がついて汁気がなくなるまで炒める。
⑦ホールトマトを加え，タイム，ローリエを加えて 10 〜 15 分間煮る。塩，こしょうで味を調える。
⑧パイ皿に⑦と②のジャガイモを交互に重ね，グリュイエールチーズとパン粉を表面にかける。
⑨ 250℃に温めておいたサラマンドル（オーブン）で表面に焦げ目がつくまで焼く。

【調理の勘どころ】
・マッシュポテトは食感が残るように粗めにつぶす。

シカマメ（腎臓）のソテーマスタードソースがけ

腎臓

【材料（4人分）】
シカマメ（腎臓）600g
生クリーム 50cc
シャンピニオン・ド・パリ（マッシュルーム）1パック
ディジョンマスタード 大さじ1
新ジャガイモ 小8個
粒マスタード 大さじ1
小松菜 適量　　　ディル 少々
エシャロット 200g
セルフィーユ（チャービル）少々
バター 50g　　　イタリアンパセリ 少々
コンニャク 50g　エストラゴン 少々
白ワイン 200cc　オリーブオイル 適量
フォン・ド・ヴォー 200cc
塩，こしょう 適量

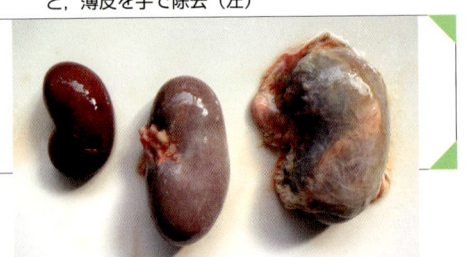

シカマメのソテー マスタードソースがけ
（写真：石原 等）

【つくり方】
①新ジャガイモは洗って皮付きのまま塩水でゆで，皮をむく。
②シャンピニオン・ド・パリはぬれたふきんで拭いて，4つに切り分ける。
③仔シカマメはケンネ脂を外して薄皮をむき，房ごと切り分ける。半分に切り，両面に塩，こしょうする。

右が摘出した腎臓。まわりの膜を除去したあと，薄皮を手で除去（左）

④フライパンにオリーブオイルを流し，③のシカマメを強火でソテーする。コンニャクを加えてフランベし，取り出しておく。
⑤フライパンにもう一度オリーブオイルを流し，②のシャンピニオン・ド・パリを中火でソテーする。バターを入れ，少ししたら軽く塩・こしょうする。水分が出てきたらみじん切りしたエシャロット，白ワインを加えて強火にし，水分がなくなるまで煮つめる。
⑥ディジョンマスタードと粒マスタードを加えてさらに煮つめ，塩，こしょうする。みじん切りしたディル，セルフィーユ，イタリアンパセリ，エストラゴンを加えて④の仔シカマメを戻し，軽くからめる。
⑦別のフライパンで小松菜をオリーブオイルでソテーし，塩，こしょうする。
⑧皿に⑥を盛り付け，温めた①の新ジャガイモ，⑦の小松菜を添える。

シカレバー・日野菜・ホタテ貝柱の ハーブソテー

レバー

【材　料（4人分）】

ホタテ貝柱(刺身用) 8個
日野菜 1本　　　シカレバー 100 g
タマネギ 1/2個　　ニンニク 2片
ケッパー 大さじ2　セージの葉 8枚
ローズマリー 2枝　タイム 3枝
アンチョビ　フィレ 1枚
無農薬レモンの皮 1/2個分
牛乳約 150cc

【調味料】

エクストラ・ヴァージン・オリーブオイル
(大さじ3，大さじ1，大さじ1を3回に分けて使う)
ブランデー 大さじ1
白ワインビネガー 大さじ1
白ワイン 大さじ2
コンソメブイヨンの素 1個
水 400cc　　　　　レモン汁 1/2個
塩，黒こしょう 各適量　バター 10 g

シカレバー・日野菜・ホタテ貝柱のハーブソテー（写真：赤塚 愛）

まずレバーの煮込みをつくり，次にホタテと日野菜の油炒めをつくってレバー煮込みの上にのせて仕上げる。

【つくり方】

①シカレバーは，よく洗って，太いスジ・血管を取り除き，フードプロセッサでみじん切りにする（あるいは，包丁で

シカマメ（腎臓）の下処理

腎臓の下処理は，摘出した腎臓のまわりの膜を手で除去したあと，薄皮を手で除去する。

粗いみじん切りにして，さらに包丁で細かく叩く）。そのあと牛乳に30分以上つけて冷蔵庫で保存する。
②タマネギ，ニンニクは，それぞれみじん切りにする。
③ケッパー・セージ・ローズマリーの葉，タイムの葉，アンチョビ，レモンの皮もそれぞれみじん切りにする。フードプロセッサで合わせてみじん切りにするのがよい。
④日野菜は乱切りにする。
⑤フライパンにオリーブオイル大さじ3を熱して，ニンニクがこんがりとキツネ色になるまで炒めてから取り出しておく。
さらにフライパンにオリーブオイル大さじ1，タマネギ，塩，こしょうを加えて中火弱でじっくりと炒める。
⑥タマネギがしんなりしたら，①のレバーも加えて，さらにじっくりと炒める。レバーの水分が完全になくなり，パラパラになったらオリーブオイル大さじ1を加えて，さらに乱切りした日野菜も加えてサッと炒めたあと，ブランデー・白ワインビネガー・白ワインを加えて強火でアルコール分をとばす。
⑦コンソメブイヨンの素，水を加えて煮立たせてから，1時間ほど，時々混ぜながら弱火で煮込む。
ほとんど水分がなくなれば，レモン汁，塩，こしょうを加えて調味し，火を止める。
⑧フライパンにバター10g，オリーブオイル大さじ1を中火で熱して日野菜を加えてサッと炒め，さらにホタテも加えて炒め，塩，こしょうで調味する（ホタテと日野菜の油炒め）。
⑨温めた皿に⑦のレバー煮込みをのせ，その上に⑧のホタテと日野菜の油炒めを盛り付ける。

【調理の勘どころ】
　レバーの臭みを取り除くポイントは，とにかく水分をとばすこと。じっくりと根気よく炒めることが肝心である。

【日野菜】
　日野菜は琵琶湖の南東にある滋賀県日野町原産のカブの一種。室町時代に発見され漬物にして京都におくられたという。「近江なるひもののさとの桜漬けこれぞ小春のしるしなるらん」と歌に詠まれ以来日野菜と呼ばれるようになったという。

日野菜

5章

シカ肉利用をひろげるために

おいしく安全に食べる——野生獣肉と食品衛生

シカ肉利用をひろげるために

● 厚労省の「野生鳥獣肉の衛生管理に関する指針」

従来、全国の各自治体がバラバラに「ガイドライン」を設置していたため、衛生管理の基準にはバラツキがあった。また、「ガイドライン」がない地域では、放任状態といってよかった。各自治体でつくられたガイドラインの中には、「放血は室内で行なうこと」と書かれているものがあるが、銃猟で倒れた野生獣は心臓が動いている間に放血する必要がある。また、くくりわなや箱わなにかかった野生獣を諸施設まで生きたまま移動させれば暴れて肉質が悪くなるなど、室内で放血できるのは飼育された野生獣以外は難しいのが現実で、机上で議論されていたようにも思えた。

今回厚生省の指針では、「放血は室内で行なうこと」とは書かれていないことからもより現場に即したものだと言える。

また、内臓のカラーチャートが付記され、異常が判別できるように配慮されており、従来のガイドラインにはない項目でありその活用により異常個体の判別が進むと感じている。

実際には、利用方法によって指針以上の対応が寄せられることもある。たとえば、ホテル等に出荷する場合は、洗浄する場合の水は最低限（水に浸けるのは厳禁）とする、表面はアルコール消毒するなどの条件も求められることがある。その理由として肉に水分が多く含まれるとやわらかくなる等の品質が低下する。熟成する理由の一つに水分を抜くという意味もある。その点は指針には表記されていないが、実際にはこのような点が肉の味を大きく左右するので注意が必要である。

●調理前、これだけは注意して
―E型肝炎ウイルス感染症や食中毒を防ぐために

【シカ刺しなど生食はE型肝炎感染の危険性も】

ニホンジカの肉は、「シカ刺し」のように生で食べると「E型肝炎」に感染する危険性がある。

2003年8月、兵庫県で野生のシカ肉を生で食べたことが原因のE型肝炎ウイルスによる感染例が初めて報告された。この事例は、同じシカ肉を生で食べた4名が6～7週間後にE型肝炎を発症したもので、患者のE型肝炎ウイルスと保存されていたシカ肉から検出されたウイルスの遺伝子が一致したため、シカ肉の生食が原因と診断された。また、このシカ肉を全く食べていないか、またはごく少量しか食べなかった患者の家族は、E型肝炎に感染しなかったことも確認された。

E型肝炎は、E型肝炎ウイルスの感染によって引き起こされる急性肝炎（まれに劇症肝炎）で、慢性化することはない。E型肝炎は経口感染（食物や飲料水を介して）し、人から人へ感染することはない。大半は感染しても発病せず、潜伏期間は6週間。E型肝炎ウイルスに感染した場合、不顕性感染（感染しても発病しない）が多いとされ、とくに若年者はこうした傾向が強い。平均6週間の潜伏期の後に（まれには数日で倦怠感・食欲不振等の症状が出ることもある）、発熱・どうき・腹痛などの消化器症状、肝機能の悪化（黄疸など）といった症状が出るが、大半は安静に寝ていれば治癒する。まれに劇症化するケースもある。E型肝炎の特徴としては、通常の死亡率は1～3%とされるが、妊婦、とりわけ妊娠第3期の妊婦が感染した場合、致死率が20%に達するとの報告もあり、とくに注意が必要である。

【E型肝炎対策は63℃以上30分加熱で】

ニホンジカをはじめ、野生動物の肉等を食べるときは、「充分に加熱」を行なうことで、感染を避けることができる。食肉製品の製造基準である、肉の中心温度が63℃・30分間加熱と同等以上で熱処理すれば感染性を失うので心配ない。「充分に

「加熱」とは、「沸騰した湯の中で、10分間以上の加熱」と同程度の加熱である。なお、大きなブロック肉では、この時間でも肉の内部まで火が通っていないことがあるので注意が必要である。「しゃぶしゃぶ」のように加熱時間が短いものや、「焼肉」など、肉の中心まで火が通らないことがある場合は、感染の可能性があるので注意が必要である。

【オーブンによる半生加熱の方法（ステーキ・たたきなど）】

シカ肉（ロース肉）は、断面5×2cmの短冊形に切り揃え、250℃に予熱したオーブンで10〜15分加熱した後、オーブンから出して、アルミホイルに包み室温で15〜20分程度余熱で調理する。または、320℃のスチームオーブンで6分間加熱後に、アルミホイルで包み室温で15〜20分程度そのまま置く。火の通り具合は、オーブンから出したとき、金串を肉の中央部まで刺し、10秒くらいで抜いて、手首にあてて生ぬるければ大丈夫だが、冷たい場合は、加熱を継続する。また、仕上がり断面がピンク色なら大丈夫だが、赤色なら加

熱不足である。逆に茶色なら加熱しすぎである。

【肝蛭、CWD】

生レバーを食べたことによる肝蛭症は、肝蛭というシカの肝臓に寄生していた虫によるもので、これは肝臓の加熱処理で防ぐことができる。CWDはシカ消耗症（狂鹿病）とも言われているもので、カナダでの感染例が報告されているが、いまのところわが国では発症例はない。原因は、シカの脳の異常型プリオンタンパク質によるとされている。

【大腸菌】

大腸菌は、文字通り大腸などの内臓や肛門付近にいて解体時に肉の表面に付着する。肉の内部に侵入することなく、解体時、枝肉にした時点で表面を食品消毒用アルコールで消毒することで殺菌できる。75℃1分以上の加熱で死滅する。

オーブンによる加熱の具合
左はピンク色なので加熱できているが、右は赤色なので加熱不足

シカ肉利用をひろげるために

シカ肉の加工・保存

● 肉の種類と形状で保存期間は大きく異なる

肉の種類と形態で保存期間にはかなり差がある。水分を多く含んでいる肉ほど、保存期間は短くなる。水分が少ないシカ肉は保存期間が長く、イノシシ肉・鶏肉の順に短くなる。また、肉の大きさによっても保存期間は違ってくる。基本的にかたまり（ブロック）の状態が一番保存期間は長く、ついで厚切り→角切り→薄切り→挽肉の順に短くなる。

冷蔵室での保存期間はブロックで5日ほど、スライスでおよそ3日である。「シカ肉は外から、イノシシ肉は中から傷む」といわれるように、イノシシ肉は外見からは傷みがわかりにくく、冷蔵室での保存は2〜3日が限度。最も傷みやすい鶏肉は、買った次の日には使い切ってしまいたい。挽肉はさらに注意が必要で、電動の挽肉機で挽くため多少の熱が加わり、空気に触れる面積も大きいため傷むのが早まる。挽肉は、できればその日のうちに食べきるようにしたい。

また、肉から出た汁（ドリップ）をそのままにしておくと、ドリップのにおいが肉についてしまったり、調理する際、味のなじみもよくなかったりする。ペーパータオルで拭き取ってから保存したい。

● 冷蔵庫・冷凍庫の詰めすぎは禁物

肉を冷蔵庫に保存するときは、庫内を5℃以下に保つことが大切。しかし、家庭用の冷蔵庫はひんぱんにドアを開け閉めするため、温度が一定しない。冷気が一気に外に流れ出ないよう、意識し

109　5章　シカ肉利用をひろげるために

てドアは開けたらすぐに閉めることを励行したいもの。

冷蔵庫や冷凍庫は詰めすぎないことが肝心。食品の量を冷蔵庫の収納スペースの70％くらいまでにし、冷気が庫内を循環して常に低温が保たれるようにする。

● 庫内はいつも清潔に

冷蔵庫や冷凍庫の過信は禁物。細菌の多くは10℃ではゆっくり増殖する。マイナス15℃になると増殖はストップするが、死滅するわけではないので、冷蔵庫内の清潔を保つことが大切。こまめに庫内を整理・清掃し、月に一度はアルコール消毒を心がけたい。

● 冷凍保存のコツ

肉は組織が密で水分が少ないため、冷凍に適している。冷凍保存はマイナス30℃が望ましい。ただ、家庭用のフリーザーではせいぜいマイナス10℃くらいなので、家庭で冷凍保存するには、保存期間1か月を目安にすれば、肉の風味が損なわれずにすむ。1回で使い切る単位での冷凍が原則で、薄切り肉なら家族の人数分をまとめて、空気に触れないようにしっかりラップをする。さらに冷凍保存用の容器などで密封して冷凍室へ。

肉の冷凍・解凍を繰り返すと食中毒菌の繁殖につながり、何より風味が著しく落ちるため避けたほうが無難。

大きなかたまりのままでは、肉の内部まで冷凍するのに時間がかかり、その間に変色が進む。ブロックの肉は適当な大きさに切り分け、水分をよく拭いてからラップできっちり包み、さらに冷凍保存用の密閉容器やジッパー付きの袋に入れて冷凍庫へ。

挽肉は空気に触れる表面積が広いので、なるべく平らにしてラップ＆フリージングバッグに入れると、凍結時間も早く解凍も短時間ですむ。できれば加熱調理してから冷凍保存したほうが衛生上も安心。

完全に冷ましてから冷凍室に。

※冷凍庫内ではラップは破れやすいので、二重三重にラップする。

● 解凍するときのコツ

冷凍した肉はなるべく低温で、ゆっくりと解凍するのがおいしさを保つコツである。

冷蔵庫に数時間置き、半解凍の状態で調理する。完全に解凍してしまうと、おいしい肉汁が流出してしまう。

急ぐときはポリ袋に入れ、水が入らないように密封し、ボウルなどに入れて流水をかけ流して解凍するとよい。

● シカ肉の熟成について

シカ肉は、血抜きし、内臓を取り出し、皮をむいた状態の枝肉状態で低温（2～3℃）で「熟成」（2～7日間）させるとシカ肉のうまみ成分が増加すると言われる（牛肉等も同様に熟成されている）。

乾燥を防ぐため、布をかぶせて大型冷蔵庫の中で温度を均一にするため吊り下げて熟成させる。

単に、冷蔵庫に山積みに放り込んでおいては、シカ肉内部まで温度を下げることは難しく、特別な設備が必要となる。現実的には、冬場や大規模な処理施設でなければ対応できないと思われる。

一般的に、冬場以外は「熟成」はせず解体後、すぐにブロック肉にして冷凍保存する。

また、枝肉の段階でも食用アルコールを表面に噴霧することで大腸菌等の消毒ができる。

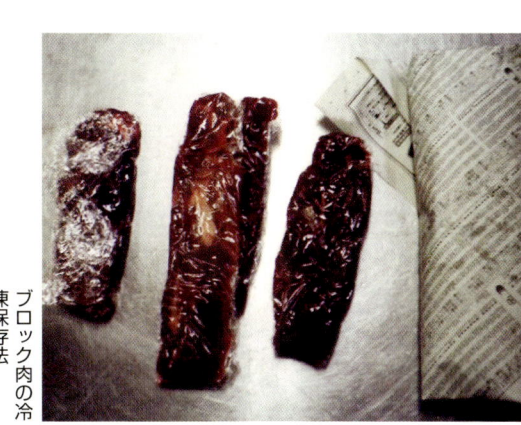

● ブロック肉の保存方法

シカ肉は、脂肪分が少ないことから、ブロック肉のままで放置すると、すぐに乾燥してしまい品質が低下する。

密閉パック詰めにすることが最良である。

しかし、パック装置がない場合は、市販のラッ

ブロック肉の冷凍保存法
市販のラップで包んでから新聞紙でくるむ

111　5章　シカ肉利用をひろげるために

シカ肉利用をひろげるために

シカ肉利用の現場から
―― シカ被害の現状とシカ肉活用

ら、冷凍焼けを防ぐため、その上から古新聞でくるんでおくと長期に冷凍保存が可能である。

● シカによる被害の増加

　筆者の住む滋賀県では、年間約4億3800万円（平成22年度）にのぼる野生獣の農作物被害があり、早くから重要課題として〝獣害対策〟に取り組んできた。

　滋賀県では「滋賀県ニホンジカ保護管理計画」を平成16年と24年の2次にわたってまとめているが、同計画の平成24年3月の報告によれば、平成16年度における県内の推定生息数は2万4000頭～3万5000頭、平成22年度における県内の推定生息数は4万7000頭～6万7000頭とされている。

　ニホンジカによる被害面積も増加しており、農業被害額は平成22年度には1億7000万円、被害面積500haを超えている。しかもイノシシやサルにくらべてニホンジカの被害の伸びが大きい。シカの個体数管理の見直しが必要となっている。シカの生息数の増加の背景には、温暖化等の影響もあり、出産可能な2歳以上のメスジカの受胎率が90％であるとの調査結果もある。実際、筆者が解体したメスシカのすべてが受胎、または授乳状態であったことから考えても、生息数はさらに増加すると考えられる。

112

シカ増加の背景

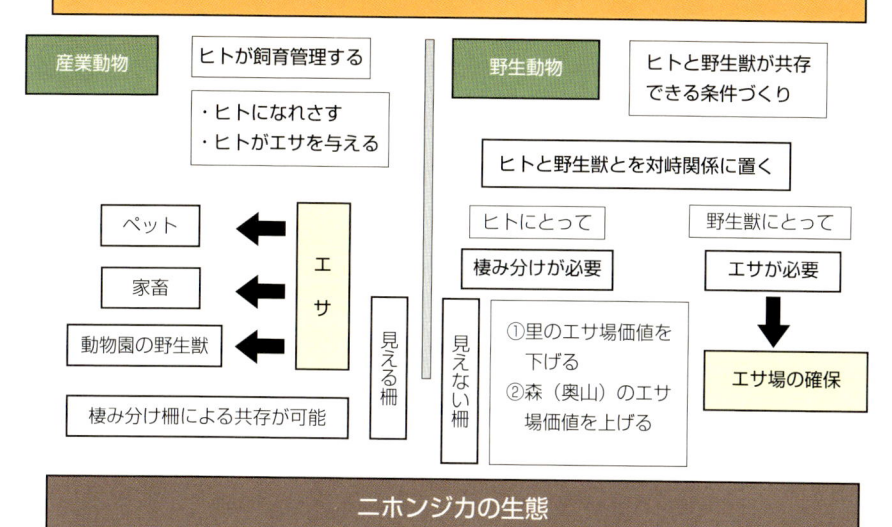

産業動物
ヒトが飼育管理する
・ヒトになれさす
・ヒトがエサを与える

エサ → ペット
エサ → 家畜
エサ → 動物園の野生獣

見える柵

棲み分け柵による共存が可能

野生動物
ヒトと野生獣が共存できる条件づくり

ヒトと野生獣とを対峙関係に置く

ヒトにとって	野生獣にとって
棲み分けが必要	エサが必要

見えない柵

①里のエサ場価値を下げる
②森（奥山）のエサ場価値を上げる

エサ場の確保

ニホンジカの生態

オスとメスは別の場所で群をつくり，繁殖期以外は別の場所で生活する

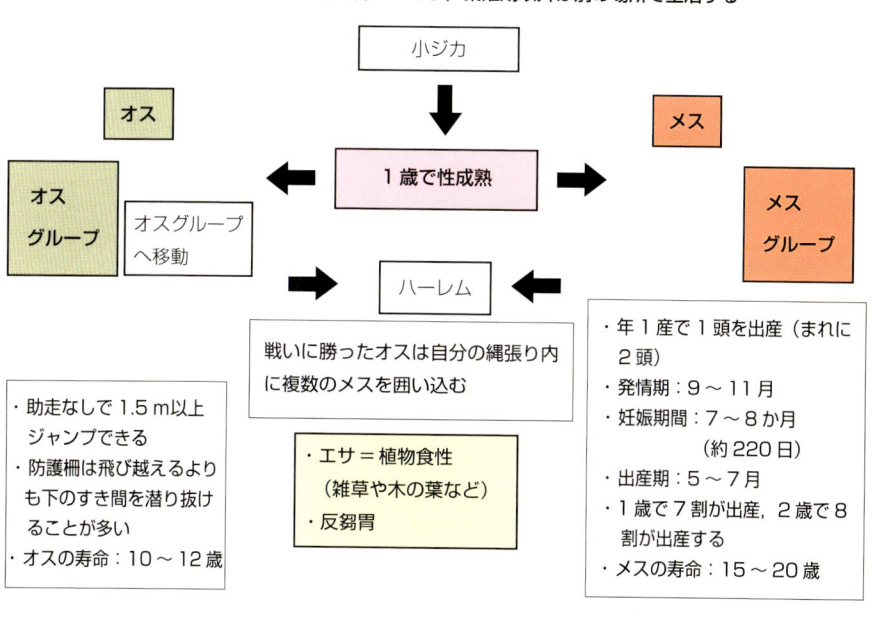

小ジカ
↓
1歳で性成熟

← オス　　メス →

オスグループ ← オスグループへ移動

↓
ハーレム
戦いに勝ったオスは自分の縄張り内に複数のメスを囲い込む

・エサ＝植物食性
（雑草や木の葉など）
・反芻胃

オス
・助走なしで1.5 m以上ジャンプできる
・防護柵は飛び越えるよりも下のすき間を潜り抜けることが多い
・オスの寿命：10～12歳

メスグループ
・年1産で1頭を出産（まれに2頭）
・発情期：9～11月
・妊娠期間：7～8か月
　　　　（約220日）
・出産期：5～7月
・1歳で7割が出産，2歳で8割が出産する
・メスの寿命：15～20歳

113　5章　シカ肉利用をひろげるために

このように、森林面積に対して過剰にシカが生息することで、森林被害や農作物被害が拡大することが懸念される。環境省では、シカの適正生息数を森林面積1km²当たり3～5頭としており、滋賀県では約6000～1万頭が適正生息数となる。

このため、「滋賀県ニホンジカ保護管理計画（平成24年3月）」では、平成28年度末までに生息数を4万7000頭～6万7000頭から半減させる目標が設定され、年間1万1000～1万6000頭（内メスを6600～9600頭以上）の捕獲が必要とされている。

● 捕獲が進まない背景

ところで、滋賀県の有害獣捕獲（シカ・イノシシ・サル）の報奨金は、1頭当たり1万5000～2万円と自治体による違いで幅があるが、仮に1万6000頭のシカを有害捕獲するには、毎年約3億2000万円の報奨金が必要となる計算だ。ただ、滋賀県の場合、シカの猟期となる11月

15日～3月15日までは、原則報奨金は出ない。ボタン鍋としての需要があるイノシシにくらべ、シカ肉は一部の自家消費や猟犬のエサになっている程度で、販路がほとんどなく経済価値がない。そのため、有害捕獲の報奨金が出ないかぎりシカの捕獲は進まないのが現状である。

また、シカの食害を防ぐには、飛躍力を考慮し高さ2.5m以上の防止柵が必要となり、この高さの柵は、支柱の基礎工事が必要で、建設費は1.5～2万円/mもかかる。仮に防止柵を10km設置するには、1億5000万～2億円の経費がかかり経済コストは合わなくなる。

● 捕獲の促進はシカの資源化＝食利用（ジビエ料理）から

筆者は、当初「シカ肉料理」というと「シカ刺し」と「もみじ鍋」しか頭に浮かばなかったが、『ジビエ料理大全』（旭屋出版）という本に出合い、フランスのジビエ（狩猟鳥獣）料理が数多く紹介されているのを見て、シカ肉の有効利用は、"ジ

114

ビエ"と呼ばれるフランス料理であると直感した。

2006年11月に長野県茅野にあるフランス料理店「エスポワール（フランス語で希望の意）」藤木徳彦オーナーシェフを講師に迎え、「ジビエ講演会」を開催した。当日は定員40名のところに、レストラン関係者13名、猟友会17名、関係機関10名、マスコミ1名など47名の参加を得た。

講演では、藤木シェフよりフランス料理向けシカの解体方法や長野県におけるシカ肉流通の現状や「信州ジビエ」ブームの経緯についても報告された。講演では、シカ肉はE型肝炎ウイルスの失活温度（63℃・30分）で加熱することが原則であること、また、そのギリギリの温度・時間で加熱することによりシカ肉をやわらかく料理できることが紹介された。

そして、シカ肉をごく弱火でバターをかけながら加熱する"アロゼ"とぬるま湯で加熱する"ロポゼ"と呼ばれるフランス料理での調理技法が実演された。

講演会を契機にして、地域にジビエブームを起こそうとフランス料理の調理技法などを参考にシカ肉料理のメニューを考え、延べ36回・参加者1108名・試食数400品にのぼるシカ肉試食会を開催した。

こうして、滋賀県では日野町猟友会などを中心に、シカ肉の利用が広がっている。

● 解体の現場から
—シカ肉をうまくする勘どころ

シカ1頭で食べられる部分すべてを利用すること、これを前提とした解体法を図に示す。

これは、いわばシカ肉解体のフルコースの手順といえるものである。通常は「背ロース」と「後ろモモ」のみを利用する場合が多い。時間や人手がないようなときには、背中の皮を切り開き、高価な「背ロース」のみを利用することもある。

解体における重要ポイントは、①止め刺し後30分以内に処理する、②内臓は、肛門から食道まで破らずに取り出す、③内臓側は、アルコール消毒をするという3点である。

シカの解体作業の流れ

```
[捕獲（要狩猟免許）] ← 銃猟・箱わな・くくりワナ・交通事故での負傷など
     ↓
[止め刺し・放血] ← 心臓が動いているうちに，捕獲現場で
     ↓
[シカ処理施設への搬入]
     ↓
[体表面の水洗い] ← 汚れがひどい場合のみ（肉に水分が入るとふやけるため）
     ↓
[セルヴェル（脳みそ）取り出し] → [下処理] → [冷蔵]
     ↓
[内臓の取り出し] ← ここまでを30分以内に処理する
     ↓
[内臓側のアルコール消毒]
     ↓
[内臓の仕分け（心臓・肝臓・腎臓など），下処理・内ロースの分離] → [真空パック] → [冷凍]
     ↓
[吊り下げ・剥皮]
     ↓
[後ろモモの分離・リンパ節の除去・骨の分離] → [真空パック] → [冷凍]
     ↓
[背ロースの分離（ロース・ロングローイン・アバラ付きロースなど）] → [真空パック] → [冷凍]
     ↓
[前足の分離・骨の分離] → [真空パック] → [冷凍]
     ↓
[タンの分離] → [真空パック] → [冷凍]
     ↓
[ホオ肉の分離] → [真空パック] → [冷凍]
     ↓
[残渣の処分]
  ├─[背骨・足骨] → [冷凍] → [フォン取りの材料]
  └─[足先] → [冷凍] → [シカコラーゲン用に出荷]
```

※解体に資格は不要だが，処理施設には保健所の許可がないと販売はできない。

● けもの臭は、完全な血抜きで防げる

シカ肉に血液が残ると、血液は空気に触れて酸化し「けもの臭（しゅう）」を発する。血液の酸化が「けもの臭さ」のもとである。「けもの臭」は、解体時の「血抜き」の良し悪しに大きく左右される。一般に、血抜きの悪い肉は「けもの臭い」と言われる。たとえば交通事故やワナに掛かってす

止め刺しの様子（写真：倉持正実）

でに死んでいるシカは血抜きができていない。また、不適切な止め刺しでは、血抜きが不十分になる。こうしたシカ肉を食べた場合は、血抜きの状態が悪く、けもの臭が強いことが想定される。強烈な記憶は鮮明に残るために、一般的にシカ肉は臭いと思い込まれてきたようだ。

銃やワナでシカを捕獲したら、心臓が動いているうちに、その場で一刻も早く、心臓からつながる太い動脈をナイフ等で刺して、血液を一気に放出させる。このナイフの一刺しが「止め刺し」と呼ばれるもので、これが適切にできた場合は、心臓の動きに合わせて血液がドクドクと流れ出し、1～2分で心臓は止まり、血抜きが完了する（写真参照）。反対に、少量の血しか出ない場合は刺す位置を誤ったもので、失敗である。

血抜きができているシカ肉は「けもの臭」が少なくおいしい。この適格な止め刺し法を習得するには数をこなすことしかない。

詳しい方法については『うまいぞ！シカ肉』（松井賢一ほか著、農文協）を参照いただきたい。

117　5章　シカ肉利用をひろげるために

● 狩猟・食肉加工販売、惣菜、料理まで
——滋賀県余呉町「白川ファーム山肉亭」の場合

【余呉町の白川ファーム】

　白川ファームは琵琶湖の北岸、福井県との県境でもある滋賀県長浜市余呉町にある。余呉町は秀吉の家臣団の奮戦で有名な賤ヶ岳の北に位置し、近畿圏では唯一の豪雪地帯として知られる。戦前は10m、最近でも3mを超える積雪を記録している。賤ヶ岳のすぐ北にある余呉湖はワカサギ釣りが有名である。近くには日本の和楽器の弦を8割生産するという大音集落や、余呉川の氾濫に悩まされた村人によって江戸後期に手掘りトンネル水路（西野水道と呼ばれる）が開かれた西野集落などがある。余呉町単独の統計ではないが、長浜市の範囲で見ると人口は12万人、農家戸数は4760戸である。

　白川ファームを経営する白川芳雄さんは、昭和34（1959）年の生まれ。昭和53年に国鉄に入社し、24時間勤務のあと1日非番となる鉄道員の暮らしを始めた。23歳で国鉄勤務のかたわら以前からやりたかった稲作を始める。それも実家の農業を手伝うのではなく、自分名義で耕地を借り、一人だけで作業する稲作兼業農家である。その後徐々に耕作面積を増やして、平成23（2011）年には13haあまりとなった。これを機に鉄道の仕事を早期退職し、専業の水田耕作農家に。いまは16haの水田を耕作し、米は「余呉コシヒカリ〝天女の舞〟」として商標登録し、全量を直売している。

　毎年3月下旬には種もみを播種し、稲の育苗作業が始まる。自ら耕作する16ha分の苗に販売用も合わせると管理する苗箱の数は4000～5000箱にもなる。育苗に続いて5月の連休には田植えが始まる。農作業が始まれば猟には出られないから、夏場の害獣駆除は請け負わない。耕作放棄地の請負耕作も始めたが、これは条件不利地域での耕作維持の取り組みとして注目され、新聞でも報道された。好きで始めた稲作だから、荒れた水田を見るのはいたましいという思いもあり、余呉町内の山間集落の中河内にある耕作放棄された3枚

【狩猟技術の習得】

近所に猟師はいたが、白川さんは子どものころから山に入るのが好きで、山菜採りやキノコ狩りはもちろん、狩猟にも興味をもっていた。だから1977年に18歳で空気銃の免許をとったのも自然ななりゆきだ。当時は20歳を過ぎないと猟銃免許はとれなかったが、空気銃の免許は18歳からとることができた。35年前に猟を始めたころは、ほとんどがクマ（ツキノワグマ）狙いだった。とくに「クマの胆」は、金と同等の価値があるといわれたものだ。1匁（3.75g）単位で値がつき、クマの胆だけで大きな稼ぎになった。

クマ猟には、「のぼりグマ猟」と「穴グマ猟」がある。冬眠しているクマを追い出すのが穴グマ猟、木の実などを取って食べているクマを狙うのがのぼりグマ猟である。のぼりグマ猟は射止めてからあとがたいへんだった。というのも射止めたクマが落ちているのは、たいがいたいへんな藪の中などだったからだ。

散弾銃からライフル銃に代わって殺傷力は大いに上がった。クマから300m離れていてもライフルなら確実に仕留められるが、100mが限界の散弾銃ではそうはいかなかったのである。

野生獣の被害が広がってシカやイノシシ猟が注目されてくるのは、近々20年くらいのことである。獣肉のなかでも、イノシシは昔から「山くじら肉」などといって認知されているところがあるから販売しやすいし金になる。猟師も熱心に捕るから、数も減ってきている。一方のシカは数が増えていろ。肉の販売はこれからのところがあるが、解体法も普及しつつあり処理施設も増え、「ジビエ料理」などといって注目されはじめたところだ。クマ（ツキノワグマ）は数が少ないが、捕れないことはない。今年の猟期はのぼりグマと穴グマをそれぞれ1頭ずつ捕獲した。

猟の方法を詳しく教えてくれる人を探すのは難しい。白川さんが師匠にしていた人は2人いる。白川さんは、毎年狩猟解禁前の11月1～15日まで

は福井県の山に入ってワナで猟をする。県境を越えて福井とは行き来があるが、たまたま余呉の町内で知り合ったのが福井の猟師で、この人が師匠になってくれた。出会ったころは、その人が40歳くらい、白川さんは20代だった。初めて山で出会った後に、この人から電話があり、「お互いにあんばいしよう（行き来しよう）」と申し入れがあった。この師匠はもう狩猟からは引退しているが、野生獣の習性やそれに応じたワナの仕掛け方などについて教えてもらうことが多かった。

もう一人は京都の人で、両親が経営していた民宿の常連のお客さんの一人だった。よく泊まりに来ていてなじみになり、銃猟をしているということで意気投合した。この師匠は本業が電機屋さんだった。京都の師匠からは、犬を使った銃猟の仕方を教えてもらった。

猟犬は常時8匹くらいを飼っている。多いときには10匹にもなっている。多いときには10匹にもなっている。平均すると5～8匹。猟期のエサは毎日与えるが、猟期以外は2日に1回の割合にする。クマやイノシシの肉は与える

が、シカ肉だけは与えない。シカ肉を与えるとおいしさと味を覚えてしまう。シカ肉は犬のエサにしないことだ（与える場合は、煮込んだシカ肉にする）。

【銃による猟】

白川さんは20歳で狩猟用の散弾銃の免許をとった。以来35年、銃猟はベテランの部類に入る。仲間はとくにいなかったが、弟や知人が免許をとってからは5人のグループで猟をするようになった。とくに「待ち撃ち」のときには、追い立て役で中心になる「セコ」と待ち構えて撃つ「マチ」が必要になるので、仲間で組んで行なう。

11～3月までの猟期内は、害獣駆除としてシカやイノシシを捕獲した場合に各自治体から駆除料が支払われる。滋賀県内では高島市などは1頭につき2万円だが、長浜市は5000円。金額は自治体によって違う。捕獲数を報告して駆除料をもらうことになる。

春ならシカは見つけやすいし、どこにでもいるという印象だが、冬場はエサが少ないからエサの

あるところでシカは1〜3日滞留する。この習性を活かしてシカを探す。山の上のほうに雪が降ると、シカは山から降りてくる。また夕方には水を飲みに川に近づくものだ。こうなると通りからでも群れを発見できる。猟期にたくさん捕る猟師のやり方はほとんどが「流し猟」で、通りを移動しながら、シカを見つけたら撃つというものだ。30頭くらいの群れでいることもあるから、1回の猟で5頭も捕れることがある。それでも撃ち放しにはできない。射止めたという証拠が必要なので、雪をかきわけて倒したシカのところまで行き、シカの個体に猟師としての自分の登録番号を書きつけて写真を撮るとともに、尻尾を切り離さなければならない。駆除料がたくさん出れば猟にも熱が入る。高島市の安曇川地域では、猟期の11月15日から3月15日までの4か月間に、ワナ猟も含めて200頭以上捕獲した例がある。

銃猟では主に胸を狙う。解体・加工して肉を販売するなら、腹部を狙ってはいけない。弾が腹にあたり腸を破ると、腸内の大腸菌などがまわりの肉に飛散するし、血のにおいが肉に移ってしまい、食肉としては使いものにならないからだ。走りまわっているシカの首や頭を狙うのは至難の業だが、前足の付け根や胸、心臓を狙いやすい。銃猟で足の付け根や胸、心臓を撃つと放血に気を使わなくても、自然にほとんど血は抜けている。

【解体・加工施設】

獣肉の販売はすでに30年以上になるが、食肉安全を考えて、食肉処理業と食肉販売業の資格を取った。

5年前の平成22年には、車庫を獣肉解体・加工施設に改築。作業は猟の仲間で行なったので、建材費7〜8万円の支出ですんだ。もちろんつくる前には保健所に相談に行き、指導を受けて進めた。チェーンブロックは

包丁
上は5年使っている刃渡り24cmの解体用。下は家に伝わる日本刀の脇差しを短く加工したもの。柄は鹿角を自分で加工

ような場合には、捕獲した現地で内臓を抜いておく。

現地で内臓を処理する場合には、まず腹を裂いて腸以外の内臓をきれいに取り出す。腸は胃とつながる部分をシカの体外に引き出してから、胃を切り離し、腸の内容物を絞り出したあと、腸の切り口はシカの体外へだらりと垂らしておくようにする。取り出した内臓は袋に詰めて持ち帰る。放置すれば廃棄物処理法の不法投棄となる。

シカとイノシシ、クマの肉を比較すると、血液と水分が一番多いのがシカである。シカ肉は一晩冷蔵庫で熟成させる。ここでいう熟成は、ほとんど肉の水分を飛ばすことといってもよい。

シカ肉の水分をとるのに威力を発揮するのが下の写真にある吸水紙だ。これは生理用品の会社が開発したもので、サイズはいろいろある。キッチンペーパーなども試してみたが、この吸水紙が一番よい。この吸水紙を、切り分けたシカ肉に巻いたり、肉の下に敷いたりして、一晩冷蔵するのである。

解体のときに上から吊る必要がある。施設の天井に穴を開けることになるが、この穴は材木でふさぐことで、処理施設としての食品衛生法上の要件を満たすことができた。壁の腰板を波トタンにしているが、トタンの方向は縦でなければならない理由はないので横に使った。このほうがトタンを縦に切る必要がなく手間が省ける。

【解体】

シカは死後2〜3時間で発酵してくる。発酵が進むとシカやイノシシは腹が膨らんでくる。腹にガス抜き用の穴を開けることもあるが、大量に捕獲できたり、処理施設まで時間がかかったりする

処理施設
チェーンブロックをつけた天井。腰板には波トタンを横に張った

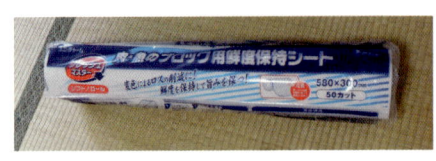

吸水紙
シカ肉を一晩熟成させるときに肉に巻きつけると効果が高い

122

解体作業の進み具合によって、二晩冷蔵する場合もある。熟成中も表面には腐敗菌などがつくので、解体して精肉に切り分けたらすぐにアルコールを表面に噴霧しておく。

【缶詰加工】

缶詰は委託加工に出す。北海道紋別郡白滝町にある缶詰製造の白楊社（はくようしゃ）に精肉を送り、缶詰にして送り返してもらう。缶詰は賞味期限と製造所固有記号があれば販売できる。製造所固有記号の制度は、白楊社と白川さんが契約しているという証明があれば、白川さんが白川ファームの名で販売することができる仕組みだ。10年ほど前、エゾシカの銃猟に北海道に出かけた白川さんが、現地で巡り合ったのが白楊社だった。エゾシカをていねいに解体し、ほとんど残すことなく肉を活かせるものとして缶詰があることを知って、加工品に取り入れた。シカ、イノシシ、クマの精肉を送り、缶詰に加工してもらって戻してもらう。年に200kgくらいを70kg単位で3回送るが、運賃は佐川急便と提携して割安にしてもらっている。

缶詰は大和煮と味噌煮の2種類。いずれも160g入りで大和煮、味噌煮ともシカ肉は710円、イノシシ肉が810円、クマ肉は970円である。缶のラベルは白川さんの娘さんのデザインで、射止める直前に撮影したシカなどの写真も使っている。

【販売】

解体処理した獣肉は500g程度の真空パックにして冷凍保存する。出荷は先方の希望に応じて

缶詰と味噌漬け焼肉
味噌漬け焼肉は自家製。缶詰は委託加工、ラベルは自前

123　5章　シカ肉利用をひろげるために

いろいろな大きさで出荷する。県内にカレー店舗を展開するカレーハウスのCoCo壱番屋さんとは筆者の紹介で4年前からの付き合いだ。

シカのモモ肉は、スジの多いオオソトを除き、大腿骨を取って開いた状態で真空包装して出荷している。通常は500g〜1kgスライスなどの形態が多い。スライサーがあるので、いろいろな大きさでのスライスの注文に応じることができる。「2人前だけ」といった小ロットの注文も受けられる。

シカやイノシシ、クマなど野生獣はたくさん捕れる年と、あまり捕れない年がある。年々の需要量はおおよそ推測できるので、猟期に入れば毎年早めに必要量を確保して冷凍するようにしている。獣肉の販売にあたって大きな宣伝をしてきたということはない。ほとんどがクチコミでの広がりだ。CoCo壱番屋さんに出荷するようになってから、白川ファームのシカ肉出荷量は増えていると言う。

シカ猟は4か月の猟期間で40〜50頭くらい。精肉は部位にもよるが平均して1kg1500円以上で扱っている。シカ肉缶詰は1個710円、味噌漬け焼肉パックは800円である。精肉と味噌漬け焼肉パックは自家製造だ。味噌漬け焼肉パックは、一度に20人前とか30人前などの単位で個人や食堂から予約が入ることが多い。そのまま宅配便で直送納品している。

獣肉販売による収入は、年間150〜200万円くらい。経営と呼ぶほどのものではない、仲間と飲む楽しみの資金に毛の生えた程度だろうと白川さんは笑う。

冷凍保存されたブロック肉の真空パック。冷凍庫は-50℃まで一気に下げられる

資料

厚生労働省「野生鳥獣肉の衛生管理に関する指針(ガイドライン)」

本ガイドラインについては、イノシシ及びシカを念頭に作成しているが、他の野生鳥獣の処理を行なうに当たっても留意すべきである。また、本ガイドラインは、不特定又は多数の者に野生鳥獣肉を供与する者等を主な対象とするが、食中毒の発生防止のため、自家消費に伴う処理を行なう者が参考とすることも可能である。なお、本ガイドラインにおける「狩猟」には、有害鳥獣捕獲による捕獲等も含まれる。(2014・11・14)

第1 一般事項

1 基本的な考え方

(1) 野生鳥獣肉の処理に当たっては、野生鳥獣を屋外で捕殺、捕獲するという、家畜とは異なる処理が行われることを踏まえた、独自の衛生管理が必要となる。

(2) 本案は、野生鳥獣肉を取り扱う者が、食用に供される野生鳥獣肉の安全性を確保するために必要な取組として、狩猟から処理、食肉としての販売、消費に至るまで、野生鳥獣肉の安全性確保を推進するため、狩猟者や野生鳥獣肉を取り扱う食肉処理業者等の関係者が共通して守るべき衛生措置を盛り込んだものである。また、食用として問題がないと判断できない疑わしいものは廃棄とすることを前提に、具体的な処理方法を記載している。

2 記録の作成及び保存

食中毒の発生時における問題食品（違反食品等又は食中毒の原因若しくは原因と疑われる食品等をいう。以下同じ。）の早期の特定、排除を可能とし、問題食品の流通や食中毒の拡大防止を迅速、効果的かつ円滑に実施するため、狩猟から食肉処理、販売に至るまでの各段階において、記録の作成及び保存を行うよう努めること。

3 HACCP（危害分析・重要管理点方式）に基づく衛生管理

HACCPの導入により、食中毒の発生及び食品衛生法に違反する食品の製造等の防止につながる等、食品の確実な衛生管理による安全性の確保が期待されることから、野生鳥獣肉の処理についても、HACCPに基づく衛生管理を行うことが望ましい。HACCP導入の検討に当たっては、「と畜場法施行規則及び食鳥処理の事業の規制及び食鳥検査に関する法律施行規則の一部を改正する省令の公布等について（平成26年5月12日付け食安発第0512第3号）」、「と畜場法施行規則及び食鳥処理の事業の規制及び食鳥検査に関する法律施行規則の一部を改正する省令の運用に係る留意事項について（平成26年5月12日付け食安監発第0512第2号）」及び「食品等事業者が実施すべき管理運営基準に関する指針（ガイドライン）」（平成16年2月27日付け食安発第0227012号別添（最終改正日：平成26年5月12日）。以下「管理運営基準ガイドライン」という）を参照すること。

4 野生鳥獣肉を取り扱う者の体調管理及び野生鳥獣由来の感染症対策

(1) 狩猟者を含む野生鳥獣肉を取り扱う者は、食品取扱者として管理運営基準ガイドラインのⅡの第3を遵守すること。

(2) 血液等を介する動物由来感染症の狩猟者等への感染を予防するため、周囲を血液等で汚染しないよう運搬時に覆い等をすること。また、ダニ等の害虫を介する感染を予防するために、個体を取り扱う際は、長袖、長ズボン、手袋等を着用して、できる限り個体に直接触れないようにすること。また、ダニ等の衛生害虫に刺された後に体調を崩した場合、医療機関を速やかに受診すること。

(3) 血液等の体液や内臓にはなるべく触れないようにし、触れる場合はゴム・ビニール等合成樹脂製手袋を着用する

第2 野生鳥獣の狩猟時における取り扱い

等、体液等と直接接触しないよう留意すること。特に、手足等に傷がある場合は体液等が傷口に触れないようにすること。

1 食用とすることが可能な狩猟方法

（1）銃による狩猟

イ 狩猟した野生鳥獣を食用に供する場合は、ライフル弾又はスラッグ弾を使用すること。

ロ 腹部に着弾した個体は、食用に供さないこと。また、腹部に着弾しないよう、狙撃すること。

ハ 狩猟前には、「2 狩猟しようとする又は狩猟した野生鳥獣に関する異常の確認」（1）イ及びロについて、狩猟後には「2 狩猟しようとする又は狩猟した野生鳥獣に関する異常の確認」（1）ハからルについて確認すること。

（2）わなによる狩猟

イ 捕獲時の状況を十分観察し、「2 狩猟しようとする又は狩猟した野生鳥獣に関する異常の確認」（1）イからルの異常の有無について確認すること。特に転倒や打ち身による外傷・炎症がないか確認し、食用可能な個体であるか、食用にできない部分がないかどうかを確認すること。

2 狩猟しようとする又は狩猟した野生鳥獣に関する異常の確認

（1）狩猟しようとする又は狩猟した野生鳥獣（わなで狩猟した個体及び捕獲後に飼養した個体を含む）の外見及び挙動に以下に掲げる異常が一つでも見られる場合は、食用に供してはならない。

イ 足取りがおぼつかないもの

ロ 神経症状を呈し、挙動に異常があるもの

ハ 顔面その他に異常な形（奇形・腫瘤等）を有するもの

ニ ダニ類等の外部寄生虫の寄生が著しいもの

ホ 脱毛が著しいもの

ヘ 痩せている度合いが著しいもの

ト 大きな外傷が見られるもの

チ 皮下に膿を含むできもの（膿瘍）が多くの部位で見られるもの

リ 口腔、口唇、舌、乳房、ひづめ等に水ぶくれ（水疱）やただれ（びらん、潰瘍）等が多く見られるもの

ヌ 下痢を呈し尻周辺が著しく汚れているもの

ル その他、外見上明らかな異常が見られるもの

（2）狩猟者は狩猟する地域の家畜伝染病の発生状況について、積極的に情報の収集に努め、狩猟しようとする地域において野生鳥獣に家畜伝染病のまん延が確認された場合は、当該地域で狩猟した個体を食用に供してはならない。

（3）既に死亡している野生鳥獣は食用に供してはならない。

（4）（1）の項目に該当しないことを確認

ロ 屋外で止め刺しをする場合には、銃を使うこと等により野生鳥獣にできる限り苦痛を与えないよう配慮すること。

（3）狩猟方法について記録を作成し、食肉処理業者に伝達するとともに、適切な期間保存すること。

こと。

ハ わな猟で捕獲し運搬可能な野生鳥獣は、生体で食肉処理施設へ運搬して衛生的に処理することが望ましい。

認した記録を作成し、食肉処理業者に伝達するとともに、適切な期間保存すること。

3 屋外で放血する場合の衛生管理

（1）放血に使用するナイフ等は使用する直前に火炎やアルコール等により消毒すること。複数の個体を取り扱う場合は、個体間の二次汚染を防ぐため、1頭ごとに洗浄・消毒して使用するか、または、複数のナイフ等を個体ごとに交換して使用すること。洗浄に使用する水は飲用適のものを使用すること（以下この章において同じ。）。また、使用するナイフ等について、柄の材質は合成樹脂製とし、サビ等がないように、十分に整備すること。

（2）放血を行う際は、ゴム・ビニール等合成樹脂製の手袋を使用し、軍手等繊維製のものは使用しないこと。複数個体の処理を行う場合は1頭ごとに交換すること。また、血液等により汚染された場合は、その都度洗浄・消毒するか、交換すること。

（3）切開時及び切開後、開口部が土壌等に接触することによる汚染がないようにすること。

（4）切開は、開口部が汚染されないよう開口部が最小限となるよう行うこと。

（5）胸部を撃った個体にあっては、前胸部（首の付け根、第一肋骨付近）を切開し、胸腔内に溜まった血液を十分に排出すること。

（6）放血に当たっては、放血効率を高めるため、頭部を低くすること。

（7）放血後、血液の性状を観察するとともに、足の付け根等に触れることにより、速やかに体温を調べ、異常を認めた個体は、食用に供さないこと。

4 屋外で内臓摘出する場合の衛生管理

（1）屋外における内臓摘出は、狩猟場所から食肉処理施設への運搬に長時間を要し、腸管内微生物の著しい増殖が懸念される場合や急峻な地形での運搬で個体が損傷し、体腔内部の汚染が起こること が危惧される場合等、狩猟後の迅速適正な衛生管理の観点からやむを得ない場合に限ることとし、以下の項目の遵守を徹底すること。

（2）雨天時や野生鳥獣の体表が泥や糞便等で著しく汚染されている場合等、開口部から個体の内部に汚染を拡げるおそれのある場合は、食肉処理施設に運搬して洗浄等適切な処理を行った後に内臓摘出すること。

（3）内臓摘出に使用するナイフ等は使用する直前に火炎やアルコール等により消毒すること。複数の個体を取り扱う場合は、個体間の二次汚染を防ぐため、1頭ごとに洗浄・消毒して使用するか、または、複数のナイフ等を個体ごとに交換して使用すること。また、使用するナイフ等について、柄の材質は合成樹脂製とし、サビ等がないように、十分に整備すること。

（4）内臓摘出を行う際は、ゴム・ビニール等合成樹脂製の手袋を使用し、軍手等繊維製のものは使用しないこと。複数個体を処理する場合は1頭ごとに交換すること。

（5）内臓摘出は、個体を吊り下げる又はシートの上で実施するとともに、内臓摘出後の個体について腹を紐等で縛ることにより、体腔内壁が土壌等に接触することによる汚染のないように行うこと。消化管内容物による汚染を防ぐ方法としては、次に掲げるところにより行うこと。

イ　個体が消化管の内容物により汚染されないよう適切に行うこと。個体の消化管を破損し、内容物が漏れ出した場合、その個体は食用としないこと。

ロ　手指が糞便や土壌等により汚染された場合、その都度洗浄・消毒するか、手袋を交換すること。

第3 野生鳥獣の運搬時における取り扱い

個体に直接接触するナイフ、のこぎりその他の機械器具については、1頭を処理するごとに（糞便や土壌に汚染された場合は、その都度）消毒すること。

ニ 消化管内容物による汚染を防ぐため、肛門を合成樹脂製の袋で覆い結さつし、同様に食道についても結さつすること。結さつに当たっては、紐やゴム、結束バンド等を使い、二重に結さつすること。

ホ 摘出した内臓については、「第4 野生鳥獣の食肉処理における取扱」の4により異常の有無を確認すること。

(6) 摘出した内臓について、適切な衛生管理の知識及び技術を有している狩猟者が異常の有無を確認し記録すること。

(7) 内臓摘出の実施状況について記録を作成し、食肉処理業者に伝達し、適切な期間保存すること。

(8) 屋外で摘出された内臓は、食肉に供さないこと。

(9) 摘出された胃、腸及び食肉に供さないと判断した個体については、関係法令に基づき処理することとし、狩猟した場所に放置してはならないこと。

者が異常の有無を確認し記録すること。個体全体に影響する異常が確認されたものについては、その個体は食用に供さないこと。なお、個体から摘出する内臓は原則として胃及び腸とすること。ただし、摘出に当たって他の臓器を損傷する等により汚染する可能性がある場合には内臓全体を摘出して差し支えない。胃及び腸を除く内臓については、肉処理施設に搬入し、食肉処理業者は異常の有無を確認すること。

5 狩猟した野生鳥獣を一時的に飼養する場合の衛生管理

食肉処理施設に出荷する前に「2 狩猟しようとする又は狩猟した野生鳥獣に関する異常の確認」(1)について確認し、異常が認められた場合は出荷しないこと。

(1) 狩猟個体は、速やかに食肉処理施設に搬入すること。なお、必要に応じ冷却しながら運搬するよう努めること。また、水等により体表の汚染が体腔内に拡散しないよう留意すること。

(2) 食肉処理施設への搬入後の処理をスムーズに行うため、搬入前に食肉処理業者に搬入予定時刻等の情報を伝達すること。

(3) 狩猟個体を1頭ずつシートで覆う等により、運搬時に個体が相互に接触しないよう、また、血液等による周囲への汚染がないよう配慮すること。

(4) 運搬に係る時間、方法が不適切と認められた場合にあっては、食用に供さないこと。

(5) 運搬に使用する車両等の荷台は、狩猟個体の血液やダニ等による汚染を防ぐため、使用の前後に洗浄すること。

(6) 狩猟者は、捕獲から搬入までの次の情報について記録を作成し、食肉処理業者に伝達し、適切な期間保存すること。

イ 狩猟者の氏名及び免許番号
ロ 狩猟者の健康状態
ハ 狩猟した日時、場所、天候等
ニ 狩猟方法
ホ 被弾部位、くくりわなのかかり部位、

第4 野生鳥獣の食肉処理における取り扱い

止め刺しの部位・方法等
ヘ 損傷の有無や部位
ト 「第2 野生鳥獣の狩猟時における取り扱い」の2（1）に掲げる異常の確認結果
チ 推定年齢、性別及び推定体重
リ 放血の有無、方法、場所及び体温の異常の有無
ヌ 内臓摘出の有無、方法、場所、内臓、臭気の異常の有無等
ル 運搬時の冷却の有無、冷却開始時刻及び冷却方法
ヲ 放血後から食肉処理施設に搬入されるまでにかかった時間

1 狩猟者における衛生管理についての確認

食肉処理施設は、野生鳥獣の狩猟者と契約する際に、狩猟者が研修等により適切な衛生管理の知識及び技術を有していることを確認すること。

2 食肉処理施設の施設設備等

（1）食肉処理施設の施設設備については、地方自治体が条例で定める食肉処理業の施設基準に加えて、以下を設置することが望ましい。
イ 摂氏83度以上の温湯供給設備
ロ 吊り上げた際に頭部が床に触れない十分な高さを有する懸吊設備
（2）食肉処理施設の施設設備等に係る衛生管理については、管理運営基準ガイドライン第2の1から6を基本としつ

つ、と畜場法施行規則第3条も参考とすること。
（3）1頭ごとに内臓摘出及びはく皮作業の終了時には、機械器具の洗浄を行うこと。なお、洗浄の際は洗浄水の飛散等により枝肉を汚染しないようにすること。

3 食肉処理業者が、解体前に野生鳥獣の異常の有無を確認する方法

（1）受入の可否は、研修等により適切な衛生管理の知識及び技術を有している食肉処理業者が1頭ごとに、天然孔、排出物及び可視粘膜の状態について、異常の有無を確認するとともに、捕獲時の状況も踏まえ、総合的に判断すること。
（2）異常が認められた個体は、食肉処理施設に搬入することなく、廃棄とすること。また、その際に使用した機械器具等は、速やかに洗浄・消毒すること。
（3）狩猟個体の受入は、放血、内臓摘出及び運搬について適切な管理が行われたもののみとし、衛生上の観点から品質や鮮度等について点検を行い、点検状況を記録すること。また、食肉処理施設の責任者は、当該記録を適切な期間保存すること。
（4）搬入時に内臓が摘出された個体の受入に当たっては、狩猟者による異常の有無の確認が行われた個体は、搬入された内臓について適切な管理が行われた内臓について、カラーアトラス等を参考に再度異常の有無を確認すること。内臓の状態が確認できない個体については、全部廃棄とすること。
（5）泥等による体表の汚染が著しい個体は、食肉処理施設搬入前に（可能であれば、搬入口で懸垂し）飲用適の流水を用いて体表を十分に洗浄すること。

野生鳥獣肉の衛生管理に関する指針

た、洗浄水が放血時の開口部や内臓摘出を行う際に個体の体腔等を汚染しないよう注意すること。さらに、解体作業時の汚染拡大を防止するため、体表の洗浄水はできるだけ除去すること。なお、内臓摘出された個体であって、体表の汚染が著しいものは受け入れないこと。

(6) 搬入時の取り扱いによっては、体表が汚れるばかりでなく個体が損傷を受ける場合があるため、丁寧に搬入し、個体を引きずり落とす等の取り扱いを行わないこと。

(7) 個体を搬入した際には、個体ごとに管理番号をつける等により狩猟及び運搬時の記録と紐付けることができるようにすること。

(8) 狩猟後、一時的に飼養された野生鳥獣については、「第2 野生鳥獣の狩猟時における取り扱い」の2(1)に掲げる項目について異常がないことが確認できた個体のみを受け入れ、できる限り苦痛を与えないよう処理すること。

4 食肉処理業者が解体後に野生鳥獣の異常の有無を確認する方法

食肉処理業者は、食肉処理施設内で摘出した内臓又は狩猟者が搬入した内臓については望診及び触診により、また、狩猟者が屋外で内臓摘出し、胃及び腸を食肉処理施設に搬入しない場合についてはただし、それ以外の異常所見(リンパ節腫脹、腹水や胸水の貯留、腫瘍、臭気の異常等)等が認められた場合は、安全性を考え、全部廃棄とすること。

(1) 内臓廃棄の判断

① 肉眼的に異常が認められない場合も、微生物及び寄生虫の感染のおそれがあるため、可能な限り、内臓については廃棄することが望ましい。

② 肉眼的の所見において、別紙カラーアトラスでは、臓器の異常部分の割面所見を示しているが、通常の処理では、部分切除、病変部の切開等は、微生物汚染を拡大する可能性があるため、行わないこと。なお、心臓についてはこの限りではない。

③ 内臓摘出時に肉眼的異常が認められた場合、その内臓は全部廃棄とする。

(2) 個体の全部廃棄の判断

① 内臓に異常が認められた個体は、安全性を考え、食用にしないことを原則とするが、別紙カラーアトラスに示されたような限局性の異常であることが明らかであるか、又はスジ肉に同様の異常がないことを肉眼的に確認できる場合には、適切に内臓を処理することにより利用可能と考えられる。ただし、それ以外の異常所見(リンパ節腫脹、腹水や胸水の貯留、腫瘍、臭気の異常等)等が認められた場合は、安全性を考え、全部廃棄とすること。

② 筋肉内の腫瘤について、肉眼的に全身性の腫瘍との区別は困難であることから、筋肉を含め全部廃棄とすること。

5 食肉処理施設における工程ごとの衛生管理

(1) 放血等を行う場合にあっては、次に掲げるところにより行うこと。

イ 放血された血液による生体及びほかの個体の汚染を防ぐこと。

ロ 放血後において消化管の内容物が漏出しないよう、食道を第一胃の近くで結さつし、又は閉そくさせること。

ハ 手指(手袋を使用する場合にあっては、当該手袋。以下この項において同じ)が血液等により汚染された場合は、その都度洗浄・消毒すること。

ニ 個体に直接接触するナイフ、結さつ器その他の機械器具については、1頭を処理するごとに(外皮に接触すること等により汚染された場合は、その都度)、摂氏83度以上の温湯(以下(2)及び(5)において同じ)摂氏

83度以上の温湯を用いること等により洗浄・消毒すること。
(2) 個体のはく皮は、次に掲げるところにより行うこと。
イ 獣毛等による汚染を防ぐため、必要な最少限度の切開をした後、ナイフを消毒し、ナイフの刃を手前に向け、皮を内側から外側に切開すること。
ロ はく皮された部分は、外皮による汚染を防ぐこと。
ハ はく皮された部分が外皮により汚染された場合、汚染部位を完全に切り取ること。
ニ 肛門周囲の処理に当たっては、消化管の内容物が漏出しないよう肛門を合成樹脂製の袋で覆い、直腸を肛門の近くで結さつするとともに、肛門部による個体の汚染を防ぐこと。結さつに当たっては、紐やゴム、結束バンド等を使い、二重に結さつすること。
ホ はく皮された部分が消化管の内容物により汚染された場合、迅速に他の部位への汚染を防ぐとともに、汚染された部位を完全に切り取ること。
ヘ 手指が外皮等により汚染された場合、その都度洗浄・消毒すること。
ト 個体に直接接触するナイフ、動力付はく皮ナイフ、結さつ器その他の機械器具については、1頭を処理するごとに摂氏83度以上の温湯を用いること等により洗浄・消毒すること。

(3) 内臓の摘出は、次に掲げるところにより行うこと。
イ 個体が消化管の内容物により汚染されないよう適切に行うこと。
ロ 内臓が床、内壁、長靴等に接触することによる汚染を防ぐこと。
ハ はく皮された部分が消化管の内容物により汚染された場合、迅速に他の部位への汚染を防ぐとともに、汚染された部位を完全に切り取ること。
ニ 手指が消化管の内容物等により汚染された場合、その都度洗浄・消毒すること。
ホ 個体に直接接触するナイフ、のこぎりその他の機械器具については、1頭を処理するごとに摂氏83度以上の温湯を用いること等により洗浄・消毒すること。
ヘ 体表の被毛には病原微生物やダニ等の寄生虫が付着している可能性が高いので、ナイフや手指と被毛との接触については細心の注意を払うこと。
リ はく皮の作業終了時、エプロン、長靴を外し、ブラシ等で、帽子、衣類等に付着した被毛を十分に払い落としたうえで、清潔なエプロンや長靴を着用すること。その際、払いおとした被毛や外したエプロンが枝肉を汚染しないように、十分注意すること。

(4) 背割り（枝肉を脊柱に沿って左右に切断する処理をいう）を行う場合、次に掲げるところにより行うこと。
イ 枝肉が床、内壁、長靴等に接触することによる汚染を防ぐこと。
ロ 使用するのこぎりについては、1頭処理するごとに摂氏83度以上の温湯を用いること等により洗浄・消毒すること。

(5) 枝肉の洗浄は、次に掲げるところにより行うこと。
イ 洗浄の前に被毛又は消化管の内容物等による汚染の有無を確認し、これらによる汚染があった場合、汚染部位を完全に切り取ること。着弾部位（弾丸が通過した部分を含む）の肉についても、汚染されている可能性があることから完全に切り取り、食用に供してはならない。
ロ 飲用適の水を用いて、十分な水量をりその他の機械器具については、1頭を処理するごとに（消化管の内容物等に汚染された場合は、その都度）摂氏83度以上の温湯を用いること等により洗浄・消毒すること。
ヘ 摘出した内臓については「4 食肉処理業者が解体後に野生鳥獣の異常の有無を確認する方法」により異常の有無を確認すること。

野生鳥獣肉の衛生管理に関する指針

八　洗浄水の飛散による枝肉の汚染を防ぐこと。洗浄水の水切りを十分に行うこと。

（6）枝肉及び食用に供する内臓は、切除した部位や他の枝肉、床、壁、他の設備等と接触しないよう取り扱うこと。

（7）冷蔵前に銃弾の残存について金属探知機により確認することが望ましいこと。

（8）枝肉、カット肉及び食用に供する内臓は、速やかに摂氏10度以下となるよう冷却すること。冷蔵設備の規模や能力、冷蔵する枝肉の数量等を総合的に勘案し、摂氏10度以下の温度で冷蔵できるよう温度管理を行うこと。

（9）冷蔵時に、個体又は部位ごとに管理番号をつけること等により狩猟、運搬及び処理の記録と紐付けることができるようにすること。

（10）異常が認められた部位、食用に供さない内臓、消化管内容物、はく皮した皮、脱骨した骨又は切除した部位は、容器に入れて区分し、処理室から速やかに搬出し、関係法令に基づき適正に処理すること。

（11）食品衛生上の危害の発生の防止に必要な限度において、狩猟、運搬、処理、販売先及び販売形態に関する記録及びその他必要な事項に関する記録について、流通実態（消費期限又は賞味期限）等に応じて合理的な保存期間を設定すること。

（12）衛生的な処理が行われているかを検証するため、また、安全性の確保のため処理した食肉及び施設の設備・器具等の細菌検査を定期的に行うことが望ましいこと。

第5　野生鳥獣の加工、調理及び販売時における取り扱い

（1）野生鳥獣の枝肉等を仕入れる場合は、食肉処理業の許可を受けた施設で処理されたものを仕入れること。仕入れ時には、食肉処理施設の責任者から、当該個体の狩猟及び処理についての情報を得て、原材料の安全性を確保するとともに、色や臭い等の異常や異物の付着等がないか確認し、異常のある場合は、仕入れを中止すること。また、野生鳥獣肉の処理又は調理の途中で色や臭い等の異常が見られた場合は、調理中であっても、直ちに取り扱いを中止し、又は調理の途中で色や臭い等の異常が見られた場合も、直ちに取り扱いを中止すること。

（2）仕入れた野生鳥獣肉に添付されている記録は、流通期間等に応じて適切な期間保存しておくこと。

（3）飲食店営業等が野生鳥獣肉を仕入れ、提供する場合、食肉処理業の許可施設で解体されたものを仕入れ、十分な加熱調理（中心部の温度が摂氏75度で1分間以上又はこれと同等以上の効力を有する方法）を行い、生食用として食肉の提供は決して行わないこと。野生鳥獣肉を用いて製造された食肉製品を仕入れ、提供する場合も、食肉処理業の許可施設で解体された野生鳥獣肉、かつ、食肉製品製造業の営業許可を受けた施設で製造された食肉製品を使用すること。なお、飲食店営業の許可を受けた施設において、とさつ又は解体を行う場合にあっては、糞便や獣毛、血液等による汚染が想定されることから、必要な施設設備等を設置し、飲食店営業の許可に加えて食肉処理業の

野生鳥獣肉の衛生管理に関する指針

許可を受けること。

（4）野生鳥獣肉の処理に使用する器具及び容器は、処理終了ごとに洗浄、摂氏83度以上の温湯又は200ppm以上の次亜塩素酸ナトリウム等による消毒を行い、衛生的に保管すること。野生鳥獣肉は、摂氏10度以下で保存すること。ただし、細切りした野生鳥獣肉を凍結したものであって容器包装に入れられたものにあっては、摂氏マイナス15度以下で保存すること。また、家畜の食肉と区別して保管するよう努めること。

（5）食肉販売業者が野生鳥獣肉を販売する場合は、家畜の食肉と区別して保管し、野生鳥獣肉である旨がわかるよう鳥獣肉の種類や加熱加工用である旨等、健康被害を防止するための情報を明示して販売するよう努めること。

第6 野生鳥獣肉の消費時（自家消費を含む）における取り扱い

（1）野生鳥獣肉による食中毒の発生を防止するため、中心部の温度が摂氏75度で1分間以上又はこれと同等以上の効力を有する方法により、十分加熱して喫食すること。

（2）肉眼的異常がみられない場合にも高率に微生物及び寄生虫が感染していることから、まな板、包丁等使用する器具を使い分けること。また、処理終了ごとに洗浄、消毒し、衛生的に保管すること。

（3）自家消費及び譲渡されたものを消費する場合にあっても、食中毒の発生を防止するため、中心部の温度が摂氏75度で1分間以上又はこれと同等以上の効力を有する方法により、十分加熱して喫食すること。

獣肉処理施設一覧

所在地	名称	所在地	名称
北海道夕張郡栗山町	栗山町エゾシカ食肉加工施設	福井県三方上中郡若狭町	嶺南地域有害鳥獣肉加工施設
北海道幌泉郡えりも町	えりも鹿肉店	岐阜県郡上市	ジビエ ITAYA
北海道幌泉郡えりも町	エゾシカ解体処理施設	岐阜県揖斐川町	所産業（株）
北海道沙流郡平取町	幌尻鹿肉処理場	岐阜県揖斐川町	鹿・猪処理業 川治
北海道新冠郡新冠町	（株）北海道食美楽	岐阜県南市	マタギの鳥獣食肉加工センター
北海道日高郡新ひだか町	ウタリ共同養鹿加工組合	愛知県新城市	（株）三河猪家
北海道函館市	北海道産ファーム	愛知県岡崎市	三州マタギ屋
北海道上川郡鷹栖町	エゾシカ解体処理加工施設「山恵」	三重県多気郡大台町	大台いの鹿店
北海道苫前郡苫前町	苫前エゾシカ解体処理場	三重県津市美杉町	SPIRITS スピリッツ
北海道天塩郡豊富町	（株）サロベツベニソン食肉処理加工施設	三重県伊賀市	いがまち山里の幸利活用組合
北海道斜里郡斜里町	知床エゾシカファーム食肉センター	滋賀県日野町	日野町獣肉処理加工施設
北海道紋別郡遠軽町	㈲白楊舎缶詰工場	滋賀県多賀町	高取庵食肉処理室
北海道河東郡上士幌町	タカの巣農林	滋賀県高島市	朽木猟友会シカ肉処理施設
北海道上川郡新得町	ドリームヒル・トムラウシ	京都府南丹市	知井地区加工施設
北海道上川郡新得町	（株）上田精肉店	京都府京丹後市	京たんごぼたん・もみじ比治の里
北海道富良野市	富良野エゾシカ有限責任事業組合 鹿肉加工工場（ジビエふらの）	京都府福知山市	夜久野ジビエ
北海道帯広市	狩人の蔵	兵庫県丹波市	鹿肉加工施設
北海道帯広市	ELEZOMARCHEJAPON（エレゾ社）	兵庫県丹波市	シカ有効活用処理施設
北海道足寄郡陸別町	北日本ドゥリームハント	兵庫県多可郡多可町	鹿肉加工施設
北海道釧路市	（株）阿寒グリーンファーム食肉加工センター	兵庫県美方郡香美町	鹿・猪肉加工施設「峰鹿谷」
北海道白糠郡白糠町	（株）馬木葉クラブ食肉処理場	兵庫県姫路市	シカ肉処理加工施設「夢咲鹿工房」
北海道根室市	エゾシカ解体処理加工施設 ㈲ユック	兵庫県朝来市	お狩庵
北海道標津郡中標津町	（株）狩人の匠	奈良県吉野郡上北山村	上北山獣肉利活用協議会 上北山特産加工センター
北海道標津郡中標津町	（株）N－U	和歌山県日高川町	日高川町有害鳥獣食肉加工施設 中津処理施設
北海道標津郡中標津町	なかしべつもみじ工房	和歌山県日高川町	日高川町有害鳥獣食肉加工施設 美山処理施設
岩手県大船渡市	農畜産物加工処理施設	鳥取県八頭郡若桜町	若桜町獣肉解体処理施設 「わかさ29（にく）工房」
宮城県石巻市	丸信ワイルドミート食肉処理施設	鳥取県鳥取市河原町	イノシシ・シカ解体処理施設
群馬県みどり市	黒川ハム生産加工組合	岡山県赤磐市	イノシシ工房竜天
埼玉県秩父郡小鹿野町	（株）肉の宝屋	岡山県美作市	地美恵の郷みまさか
千葉県勝浦市	ジビエ勝浦	山口県下関市	下関市北部中山間地域 ジビエ有効活用拠点施設
千葉県鴨川市	清澄山系ジビエ	徳島県那賀郡那賀町	木沢シカ肉処理施設
千葉県君津市	森旧解体場	徳島県美馬市	美馬市シカ肉等処理施設
千葉県君津市	君津市獣肉処理加工施設	徳島県美馬市	山里のめぐみ
東京都奥多摩町	奥多摩町食肉処理加工施設「森林恵工房峰」	徳島県三好市	鳥獣肉加工施設（祖谷の地美栄）
山梨県北都留郡丹波山村	丹波山村シカ肉加工施設	愛媛県北宇和郡松野町	松野町獣肉処理加工施設
山梨県南都留郡富士河口湖町	富士河口湖町ジビエ食肉加工施設	高知県安芸郡北川村	ヘルシーミートゆずの村
長野県茅野市	信州ナチュラルフーズ	高知県室戸市	森のお肉屋さん
長野県諏訪郡下諏訪町	自然育工房「岳」	高知県香美市	べふ峡温泉
長野県上伊那郡宮田村	㈲西駒郷 みやだまるかじり工房	高知県四万十市	しまんと黒尊むら
長野県飯田市	㈲星野屋	高知県長岡郡大豊町	猪鹿工房おおとよ
長野県下伊那郡大鹿村	ヘルシー Meat 大鹿	福岡県田川郡添田町	添田町食肉加工施設
長野県下伊那郡根羽村	ネバーランド	福岡県京都郡みやこ町	みやこ町有害鳥獣加工施設
長野県下伊那郡阿智村	阿智村ジビエ加工施設	熊本県八代市泉町	下岳地区猪・鹿解体処理施設
長野県下伊那郡阿智村	山河料理 ㈲堀割	熊本県球磨郡多良木町	猪処理センター
長野県下伊那郡阿智村	料理山荘 四季かわのべ	熊本県球磨郡五木村	五木村猪・鹿解体加工施設
長野県上伊那郡南箕輪村	信州ジビエ かとう	熊本県球磨郡球磨村	球磨村特産加工施設
長野県高井郡高山村	信州山肉プロジェクト	大分県国東市	有害鳥獣加工施設
長野県長野市	美麻ジビエ工房	大分県中津市	耶馬溪食肉工房「猪鹿」（ちょろく）
長野県長野市	若穂地区野生鳥獣食肉加工施設	宮崎県東臼杵郡諸塚村	七ツ山解体処理施設
静岡県伊豆市	伊豆市食肉加工センター「イズシカ問屋」	宮崎県東臼杵郡諸塚村	飯415解体処理施設
静岡県榛原郡川根本町	南アルプスジビエ牧場	鹿児島県伊佐市	有害鳥獣処理施設
静岡県藤枝市	尾頭美味屋総本舗		
富山県中新川郡上市町	（株）K・MEAT（ケーミート）		
富山県富山市	グランマルシェタケダ（株）		

※都道府県から報告のあった野生鳥獣の処理加工施設をとりまとめたものであり、すべてを網羅したものではない。農水省資料（平成26年6月現在）ほかをもとに作成。イノシシのみの処理施設は除いた。

著者略歴

松井賢一（まつい　けんいち）

　1963（昭和38）年滋賀県生まれ。びわ湖国体少年男子漕艇で全国制覇した1982（昭和57）年に，滋賀県立長浜農業高校野菜専攻科から，滋賀県立短期大学農学科野菜専攻へ。卒業後，滋賀県びわ町竹生農業協同組合の営農指導員となる。1988年には滋賀県職員に転じ，湖東農業改良普及センター　農業改良普及員として赴任。日本最大の観光果樹園「マキノピックランド」の総合果樹園開園計画の支援や世界初のバリアフリー観光イチゴ園開設を指導。成果を第7回世界イチゴシンポ北京大会で報告。栗東キムチ特産化，農産物直売所「産直びわ」運営支援のほか，農村女性の劇団・寸劇を指導。2006年には狩猟見学，シカ解体実演，ジビエ料理を賞味するメニューを組み込んだジビエ講習会を実施。2007年には京都フランス料理研究会へのシカ肉販売開始。2007年岸朝子氏を招いて日野菜漬コンテスト＆日野菜シンポを開催。2008年6月には，シカ肉バーガーを試験販売し2時間で120個を完売。同年7月には京都フランス料理研究会にてシカ肉調理講習会を実施。

　ジュニア野菜ソムリエ，フードコーディネーター3級，グリーンツーリズムインストラクター，国際交流ボランティア・タッチ代表。早崎ビオトープネットワーキング事務局長。

　全国各地でシカ解体・料理講習会の講師として活躍。平成22年5月に全国チェーン店では日本初となる野生獣肉メニュー「ＣｏＣｏ壱番屋鹿カレー」発売に貢献。
著書：『うまいぞ！　シカ肉』（共著，農文協，2012年）
連絡先：〒526-0124　滋賀県長浜市早崎町1010
携帯：090-1442-9136　e-メール：KHB11674@nifty.ne.jp

いけるね！シカ肉　おいしいレシピ60

　　　2015年6月5日　第1刷発行

　　　著者　松井賢一

発行所　一般社団法人　農山漁村文化協会
〒107-8668　東京都港区赤坂7丁目6-1
電話03（3585）1141（営業）　　03（3585）1147（編集）
FAX 03（3585）3668　　振替00120-3-144478
URL http://www.ruralnet.or.jp/

ISBN 978-4-540-14192-8
〈検印廃止〉
ⓒ 松井 賢一 2015
Printed in Japan　　　DTP製作／條　克己
定価はカバーに表示　　印刷・製本／凸版印刷（株）

乱丁・落丁本はお取り替えいたします。